BLICATIONS ÉTRANGÈRES
. KLINCKSIECK
ILLE, PARIS.

SIX THÈSES

ANTIRÉVOLUTIONNAIRES

ET

ANTIRÉPUBLICAINES

À PROPOS DU

CENTENAIRE

PAR

UN ÉTRANGER.

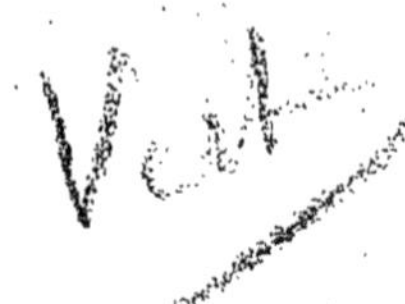

LEIDE
E. J. BRILL.
1889.

SIX THÈSES

ANTIRÉVOLUTIONNAIRES

ET

ANTIRÉPUBLICAINES

À PROPOS DU

CENTENAIRE

PAR

UN ÉTRANGER.

LEIDE
E. J. BRILL.
1889.

IV

On a dit souvent que les *idées* gouvernent le monde. Les idées: c-à-d. les nouvelles conceptions morales et sociales, religieuses et philosophiques, qui semblent d'abord étrangères au monde réel, mais qui exercent un tel empire sur les âmes qu'elles finissent par modifier ou même par transformer les individus et la société. Les idées du 18e siècle et leur application révolutionnaire en France fournissent sans doute un exemple frappant de l'empire des idées. Cependant, s'il est vrai que le monde est *gouverné* dans ce sens par les idées — bonnes ou mauvaises, sages ou folles, progressives ou rétrogrades — il n'est pas moins vrai que le monde est gouverné aussi par des images et des mirages, et par de simples mots auxquels on attribue un sens obscur et vague; lors même que ce sens commence à s'évaporer et à ne laisser pour résidu qu'un *son* bien sonnant, auquel les badauds et les foules continuent à rendre un culte superstitieux. Il en est ainsi de la „révolution" et de la „république", comme de la „liberté" et de l'adjectif „libéral". La „liberté" a fait des merveilles et en fait encore, malgré le sens indistinct et incertain donné à ce substantif. L'adjectif „libéral", déjà usé et démodé en France, fait toujours des merveilles en Angleterre, où le mot „parti libéral" unit encore tous les gladstoniens qui continuent à suivre leur ancien chef, même dans ses tentatives de démembrer l'empire britannique pour satisfaire son ambition personnelle et redevenir premier ministre. Sans le mot

„libéral" le parti dont M. Gladstone est le chef, ne pourrait se maintenir; et cependant cette dénomination, appliquée collectivement à l'ancien parti whig, aux radicaux et à tous les autres éléments qui composent aujourd'hui le parti gladstonien, ne présente plus aucun sens saisissable. Il est donc très important pour l'angleterre que l'inanité du terme „libéral" y soit dévoilée. Il l'est beaucoup plus encore pour la france que les superstitions qui se rattaehent aux mots „révolution" et „république" soient déracinées et expulsées. Il faut que tous les français intelligents comprennent ou *avouent* enfin que „la révolution" ne représente rien de beau, ni rien de salutaire, et que „la république", qui est un néant politique, ne représente rien du tout. Après cela les badauds et les masses pourront cesser de croire superstitieusement à „la révolution" et à „la république", devenues un objet de dérision pour la partie intelligente de la nation et de la presse.

Quant à „la révolution", il faut *oser*, pour combattre ouvertement une illusion si longtemps caressée. Beaucoup de français n'en ont pas le courage, parce qu'ils craignent de ravir à la france un *titre de gloire*, et par suite d'être considérés comme mauvais patriotes. Il faut rompre enfin avec cette crainte pusillanime. On reconnaît aujourd'hui la fausseté de la légende napoléonienne, autrefois si puissante; cette légende est morte. Il est urgent que la légende révolutionnaire subisse le même sort.

Pour en finir avec la superstition de „la république",

il faut bannir le mot du vocabulaire politique. On parlera de „l'état français" ou plus simplement de „*la France*": soit que le comte de Paris redevienne roi héréditaire, soit qu'il y ait un président comme à présent, soit que ce président soit remplacé par un conseil de gouvernement nommant des ministres, soit qu'il y ait d'autres institutions anciennes ou nouvelles. Le comte de Paris devenu roi, on ne remplacera pas „la république" par „le royaume".

Les considérations historiques développées au sujet des deux premières thèses sont nécessairement très incomplètes et irrégulières, et les faits rappelés à l'appui ne pouvaient être que fragmentaires. Mais par ces deux thèses, comme par les quatre suivantes, l'auteur ne s'est proposé que de donner une réponse à la provocation adressée à l'étranger par les organisateurs de la célébration du centenaire de la révolution, et de leur fournir une nouvelle preuve que les étrangers — à moins d'être des badauds, comme les p. m. 60 gladstoniens qui vinrent présenter les excuses de l'angleterre à l'exposition „républicaine et révolutionnaire" de 1889 — ne sont pas les dupes des „républicains révolutionnaires" français. En même temps, ces thèses contribueront peut-être à engager quelque français indépendant à composer un ouvrage méthodique, où l'histoire vraie de la révolution sera enfin exposée dans toute sa nudité et sous toutes ses faces, et sans omettre ou sans défigurer aucun fait important. M. Taine, dans son grand et admirable ouvrage, où de profondes considérations psychologiques et historiques se mêlent constamment aux matériaux accumulés et entassés par ses patientes investigations, a beaucoup fait pour rendre possible un travail de ce genre. Il ne sera pas permis à celui qui l'entreprendra, d'ignorer et de ne pas consulter un livre posthume, récemment publié, de l'illustre Manzoni [1]), de l'auteur bien connu des „I promessi sposi", ouvrage qui contenait déjà un essai génial d'histoire psychologique.

Il y a toujours des admirateurs de la révolution française qui lui attribuent l'acquisition de la propriété d'une grande partie du sol par les paysans et la prospérité économique du 19e siècle. Il importe de détruire ces erreurs, si l'on veut déraciner complètement le culte de la révolution. Il était impossible, cependant, d'en entreprendre la réfutation à l'occasion du développement de la deuxième thèse. Un économiste français, espérons-le, se chargera bientôt de nous fournir cette réfutation dans un livre spécial, où il mettra à contribution toutes les ressources de la statistique.

25 sept. 1889.

---

[1]) La rivoluzione francese del 1789 e la rivoluzione italiana del 1859, Milano, 1889. — Le volume publié ne contient qu'un fragment de l'ouvrage inachevé de Manzoni et ne se rapporte qu'à la première période de la révolution française et à l'histoire des états-généraux, depuis assemblée constituante, à partir du 5 mai jusqu'au 1 sept. 1789.

THÈSE I.

Par la „révolution française" il faut entendre,
soit une période décennale et néfaste de l'histoire de France, soit le fait du renversement
rapide, violent et sanguinaire de l'ancien régime.

Les notions politiques que possède le commun des
hommes, sont extrêmement indécises, vagues et confuses.
La science même n'est pas trop avancée quant à la défi-
nition des notions élémentaires du droit public et de l'histoire politique. Il n'y a pas, sous ce rapport, des notions
plus infortunées que celles de la république, de la démocratie et de la révolution. Ainsi, les *républicains révolutionnaires*, dont l'influence a été assez puissante pour
imposer à la nation française la célébration du centenaire
de la révolution par des fêtes et des largesses extraordinaires, par une exposition universelle et par la tour
Eiffel, idéalisent, personnifient et déifient la révolution
française. Ils se la représentent comme un grand principe
social qui s'est réalisé dans les institutions révolutionnaires,

comme le principe de la société moderne qui s'est révélé en 1789 à la France et à l'humanité, comme un être immatériel qui agit dans le monde des faits et des hommes et y remplit fatalement sa mission et son programme, ou enfin comme une déesse à la fois destructrice et rénovatrice, vengeresse et bienfaisante. Ces idées ne sont pas le monopole des partis extrêmes. Elles se retrouvent parmi des hommes réputés modérés et sensés. Croirait-on que M. John Lemoinne nous ait dit récemment que la révolution française „est une personne humaine, comme un roi"?

Tout cela est fantastique. Il faut entendre nécessairement par la révolution française une *réalité historique*. Or, on ne trouve que deux sens acceptables qui répondent à cette condition. En premier lieu, conformément au sens originaire du mot — celui d'un „changement brusque et violent dans la politique et le gouvernement d'un pays" (Littré) — la révolution française peut désigner le renversement violent et rapide de l'ancien régime pendant la période *quinquennale* commencée en 1789 et terminée en 1794. En second lieu, la révolution française indique la période *décennale* qui s'est écoulée depuis 1789 jusqu'à la fin de 1799, c-à-d. jusqu'à l'avènement du régime „césariste". La révolution, dans ce sens, continue après le renversement complet de l'ancien régime, pendant les années où une réaction contre les idées qui avaient renversé ce régime et les institutions qui l'avaient remplacé, commençait à se faire sentir et à exercer une certaine influence sur la société française et sur son gouvernement.

La révolution, dans ce dernier sens, comprend une masse immense et inépuisable d'événements et d'actes humains simultanés et successifs, se distinguant par leur diversité, leur nouveauté et leur violence extraordinaire. On ne peut considérer l'ensemble des faits de la période révolutionnaire comme un fait collectif, composé — ainsi que le fait du renversement de l'ancien régime — d'une foule de faits simples qui concourent à le produire.

La période décennale de la révolution, surtout pendant sa première moitié, est caractérisée par un flot d'aspirations, de théories et d'illusions et par une activité fébrile en matière politique et sociale, *non* en matière scientifique et technique, artistique et littéraire, économique et philoso-phique; par des renversements gigantesques et des inno-vations radicales dans les lois, les institutions, les moeurs et les conditions sociales; par des déprédations colossales et des boucheries féroces; par les jacqueries des paysans, par les émeutes et la „justice de lynch" de la populace parisienne, amoureuse de la pique et de la lanterne, et par l'usage abondant de la guillotine que se permit le gou-vernement jacobin, par l'anarchie suivie de la tyrannie sans frein exercée au nom du peuple et de la liberté; par la conscription militaire et la grande guerre étrangère visant en même temps à la conquête et à la propagande révolu-tionnaire; par la guerre civile la plus atroce; par une explosion de haine contre l'église catholique et le christianisme, s'associant à la haine de l'ancien régime; par le déisme et par le mépris de toute religion, aboutissant au culte de la nature et de la raison humaine; par la violence des passions naturelles ou animales parmi les basses classes, la cupidité de la bourgeoisie, au profit de laquelle se fit un immense déplacement des richesses nationales, et la prostration morale complète des classes supérieures; par le mépris du passé, de la tradition et de l'histoire, par la manie de l'innovation et de la rénovation sociales, et par le détachement de la réalité et l'attachement aux idées abstraites et absolues; par l'imitation doctrinaire de la société, des moeurs et des idées des anciens; par la domination souveraine de l'*envie* contre les privilèges, la richesse et toute supériorité sociale; par l'amour de la phrase et par des enthousiasmes immodérés pour la liberté, l'égalité, la nouvelle patrie démocratisée; par des indignations violentes et calomnieuses contre „les tyrans, les aristocrates, les prêtres et les traîtres", et en revanche, par l'absence manifeste de sentiments et d'actes de loyauté et de dévouement, d'humanité et de charité, parmi les adversaires de l'ancien régime.

On peut comparer la révolution, c'est-à-dire, soit la période révolutionnaire, soit le renversement de l'ancien régime, non à un homme, mais à un torrent qui entraîne les hommes et les choses. Malgré les puissantes aspirations et les fortes passions qui faisaient agir les acteurs de la révolution, personne ne savait ce qui adviendrait ni ce qu'on ferait du jour au lendemain.

Mais cette comparaison est insuffisante. Il faut distinguer en outre un mouvement ascendant pendant la première moitié de la révolution jusqu'à la chute de Robespierre, et un mouvement descendant pendant la seconde moitié. Toutefois ces deux mouvements ne suivirent pas un cours régulier de progression ou de rétrogression. Il y eut dans les deux périodes des luttes constantes entre divers partis qui étaient plus ou moins avancés, stationnaires ou réactionnaires à plusieurs égards: — c'est-à-dire, non seulement par rapport à la destruction de l'ancien régime et de tout ce qui s'y rattachait, comme la spoliation et la persécution des nobles, des émigrés et des prêtres, mais encore par rapport, soit à l'exercice du pouvoir par le parlement ou par les chefs de la populace et de la commune de Paris, soit au dévouement aux intérêts de la bourgeoisie ou aux intérêts du bas peuple, soit au plus ou moins de férocité ou de modération, soit enfin au plus ou moins de radicalisme en matière religieuse (constitution civile, déisme, culte de la raison humaine et de la nature) et de sans-culottisme ou de mépris de la civilisation et surtout de la bonne société.

Pendant la première période ces luttes se terminèrent toujours par le triomphe du parti le plus avancé, parce que ce parti, bien que formant toujours une minorité dans le pays et dans l'assemblée, l'emportait constamment sur ses adversaires, tant par sa violence et son audace, que par sa tactique de parler au nom du peuple et de la liberté, de traiter ses adversaires de traîtres et de conspirateurs et de s'approprier exclusivement le nom de patriotes. Ainsi les majorités relativement modérées succombèrent toujours dans la constituante. Il en fut de même dans la législative (les feuillants) et dans la convention (les girondins et plus tard les dantonistes).

On peut subdiviser la *première* période en un certain nombre de périodes finissant chacune par quelque catastrophe, et où chaque fois tout marcha de mal en pis. Ainsi on pourrait distinguer les périodes s'étendant: 1° jusqu'au serment du jeu de paume (20 juin), 2° jusqu'à la prise de la Bastille (14 juillet), 3° jusqu'à la translation violente du roi à Paris (4 oct. 89), 4° jusqu'à la fuite de Varennes (20 juin 1791), 5° jusqu'à l'assaut des Tuileries (10 août 1792), l'emprisonnement du roi et de sa famille au Temple, et le triomphe des jacobins et de la commune de Paris, 6° jusqu'à l'exécution du roi (21 janvier 1793), 7° jusqu'à la chute des girondins (2 juin 1793), 8° jusqu'à celle des dantonistes (30 mars 1794), 9° jusqu'à celle de Robespierre (27 juillet 1794). Mais cette division ou d'autres semblables ne laissent pas d'être arbitraires. Il faudrait donc ne distinguer des périodes que par rapport à des points de vue spéciaux, par exemple à la destruction graduelle du pouvoir royal, à la dépendance en général croissante de la constituante, de la législative et de la convention, à l'anarchie croissante et à la puissance du gouvernement central (avant et après la conquête

jacobine), à la persécution de la noblesse et des émigrés, à celle de l'église et des prêtres, à l'établissement du droit commun et à la législation relative au
droit civil et au droit de famille, enfin par rapport au
caractère sanguinaire de la révolution et au régime de
la terreur. — Il est inutile, pour échapper à ces dé-
tails, d'adopter des divisions très générales, comme celle
des périodes de la constituante, de la législative et de la
convention, ou bien celle des périodes 1° de l'anarchie
(constituante et législative) et 2° du jacobinisme (girondins,
montagnards et Robespierre). Ces divisions sont insuffisantes
pour caractériser les phases successives de tous les mouvements divers de la première période révolutionnaire.

Quant à la *seconde* période, moins riche en événements
et en mouvements, sa subdivision en trois périodes —
1° la période thermidorienne, 2° la période directoriale
avant le 18 fructidor (4 septembre 1797) et 3° celle
après fructidor — ne serait pas trop insuffisante. La deuxième
valait mieux que la première, laquelle était un progrès
sur le régime de Robespierre; la troisième, par son retour
au jacobinisme, était pire que la deuxième.

On objectera peut-être que — malgré tout cela — il
n'y a pas de mal à parler de la révolution comme d'un
être agissant et de se servir ainsi d'une *figure* très ordinaire. Il est vrai qu'on personnifie souvent une période
de l'histoire, un siècle par exemple, ou un mouvement social

ou religieux, et qu'on en parle comme d'un être qui a fait ou qui a créé telle chose. Cette figure de rhétorique peut être très innocente, lorsqu'elle ne trompe personne, parce que personne n'oublie que ce n'est qu'une figure. Mais il n'en est pas de même quand on parle de la révolution française comme d'une personne qui a vécu, pensé, voulu et agi; parce que les républicains révolutionnaires prennent la figure au sérieux et se représentent — à l'exemple de M. John Lemoinne — la révolution française comme une gigantesque personnalité humaine ou plutôt surhumaine, à laquelle ils s'empressent de rendre un culte superstitieux.

Il ne faut donc parler de la „révolution française" que dans le sens du renversement de l'ancien régime ou dans le sens de la période décennale. Le contexte peut indiquer et indiquera communément quel est le sens dont il s'agit dans la pensée de l'auteur. Il faut éviter tout autre sens vague. Ainsi on ne doit pas parler de *l'oeuvre de la révolution*. Car en se servant de cette expression figurée, on considère „la révolution" comme un être imaginaire ou un homme au sens figuré, qui est l'auteur de l'oeuvre, ou au moins comme un ensemble de personnes homogènes, agissant spontanément ou d'un commun accord à l'effet de renverser l'ancien régime et de produire tous les changements sociaux qui se sont opérés pendant la période décennale.

Il n'est pas interdit cependant de parler „d'institutions,

d'idées, de principes révolutionnaires"; pourvu qu'on n'entende par ces expressions que des *institutions* nées pendant la période révolutionnaire ou par suite du renversement de l'ancien régime, des *idées* et des *principes* qui ont présidé à ce renversement ou qui ont caractérisé la période décennale.

La révolution dans le sens de „renversement de l'ancien régime" est un fait *négatif*. Cependant elle contient un élément positif: les nouvelles institutions qui ont remplacé les anciennes, non fortuitement ou passagèrement, mais nécessairement ou au moins d'une manière permanente, de telle sorte que le nouveau régime est inséparable du régime aboli. Ainsi l'égalité de droit a succédé nécessairement à l'abolition des privilèges, le droit commun à la diversité du droit selon les personnes et les choses, la propriété consolidée et libre à la propriété divisée et grevée du moyen âge. Ainsi la démocratie représentative a succédé immédiatement et en permanence à la monarchie absolue, et le pouvoir royal est tombé aux mains d'un parlement ou d'une assemblée élue par le peuple. C'est un mensonge, au contraire, que la révolution a fondé la liberté religieuse et la séparation de l'église et de l'état. Il est vrai qu'on s'est empressé de proclamer la liberté et l'*égalité* religieuses, et par suite d'émanciper complètement la petite minorité que formaient les huguenots et les luthériens, et l'insignifiante minorité formée par les juifs. Toutefois cette émancipation ne fut pas inspirée par la tolérance mais plutôt par l'indifférence en matière religieuse et par l'antipathie contre la religion catholique, qui pour l'immense majorité des français était synonyme de „la religion"; et elle fut plus que balancée par la sécularisation et la réglementation de l'église, par la confiscation de ses biens et par la persécution des prêtres réfractaires. La liberté religieuse et la séparation de l'église et de l'état ne sont donc pas une „institution révolutionnaire" qui succéda au fait du renversement de l'ancienne domination de l'église catholique.

Il en a été de la liberté civile comme de la liberté religieuse. On a aboli l'arbitraire du pouvoir royal et la possibilité des lettres de cachet, et on a détruit la Bastille devenue une antiquité, à une époque où l'ancien régime avait déjà donné beaucoup de liberté à la France. Mais la liberté privée et publique ne succéda pas à cet arbitraire comme un régime normal et permanent. La liberté privée fut écrasée par la pression du bas peuple et des jacobins et par la tyrannie des tribuns populaires; la démocratie imposa sans scrupule la volonté des majorités aux minorités dissidentes; des minorités audacieuses et fanatiques surent intimider et terroriser les majorités. On a vu pendant la période révolutionnaire la liberté de la parole et de l'opinion réduite au minimum, et la justice pénale devenue un instrument de tyrannie sanguinaire avec des formes de procès dérisoires. Enfin le mouvement ascendant de la première moitié de la période révolutionnaire aboutit naturellement au régime prolongé de la Terreur. Donc, malgré les aspirations, les hymnes et les phrases interminables dont la liberté fut l'objet, il n'est pas vrai que la liberté ait été fondée pendant la révolution, et que comme l'égalité de droit elle soit un fait qui se rattache immédiatement et durablement au renversement de l'ancien régime.

Ce n'est pas calomnier la révolution que d'appeler la période révolutionnaire une période *néfaste*, et de dire que le renversement de l'ancien régime a été *violent* et *sanguinaire*. Cependant les républicains révolutionnaires repoussent ces qualifications. Indépendamment des bienfaits qu'ils attribuent à la révolution, ils admirent et ils aiment cette partie de l'histoire de leur pays et la manière dont l'ancien régime a été renversé. „Sauf les excès de 1793" la révolution leur semble glorieuse et sans tache, et c'est surtout à ses commencements qu'ils rendent un véritable culte. „Dans la vie du peuple français, 1789 a été une *heure lyrique*, celle „du plus magnifique mouvement d'enthousiasme et de frater „nité que le monde ait jamais vu. Quelle ivresse de philan „thropie! Quel besoin d'aimer et de bien faire, quelle „effusion de dévouement et quelle ardeur de sacrifice!" [1]

---

[1] Il faut avoir appris l'histoire de France dans la lune pour pouvoir parler de la sorte. Cependant c'est un homme réputé sensé et modéré, c'est le même John Lemoinne, qui s'est

Il importe de démontrer par les faits: en premier lieu, que la réserve faite pour 1793 ne suffit pas, et que d'horribles excès ont précédé et suivi l'année de la Terreur proprement dite; en second lieu que les commencements de la révolution n'ont nullement été innocents. Le tiers-état, devenu, après l'absorption des deux autres ordres dans le Tiers, l'assemblée nationale et constituante, a été coupable dès l'origine d'une *usurpation* croissante; en même temps que s'appuyant sur la populace de Paris, et poussé par la peur que lui faisait cette populace, il rédui-

---

épanché ainsi, peu de jours après la célébration de la fête du 5 mai 1889. Il oublie que l'ardeur du sacrifice n'a *pu* se manifester que chez les victimes de la révolution qui avaient quelque chose à sacrifier, chez le roi, la noblesse et le haut clergé, et que l'ivresse de la liberté et de l'égalité a été accompagnée dans la bourgeoisie et le peuple d'un mouvement extraordinaire d'envie et de haine, de rapacité et de cruauté barbare, sans aucune manifestation d'un besoin d'aimer et de bien faire, ou de philanthropie et de dévouement. Si M. Lemoinne n'avait parlé de 1789, on pourrait croire qu'il n'a pas cessé d'être dupe du mouvement fédératif et de la fête de la fédération du 14 juillet 1790: *grande folie dramatique*, où les acteurs et les spectateurs, jouant le contrat social, prêtant le serment civique, s'embrassant et dansant, s'extasièrent à l'envi sur la fraternité égalitaire et patriotique des français; folie éphémère où „culmina" la démence révolutionnaire, et qui fut précédée de jacqueries, accompagnée d'anarchie et suivie des plus graves désordres.

sait le pouvoir royal à l'impuissance. La populace de Paris, de son côté, s'est chargée de remplir d'excès les premiers temps de la révolution; sans compter les excès commis par toute la France, dans les campagnes, par les paysans déchaînés contre les seigneurs.

Commençons par les états-généraux. Leurs prédécesseurs avaient toujours été séparés par ordres, et le tiers-état avait eu toujours un nombre de membres supérieur à celui de la noblesse et du clergé. Or, les membres de la seconde assemblée des Notables, consultés en 1788 sur la composition des états-généraux futurs, ne furent d'accord ni sur le nombre des députés du Tiers, ni sur la séparation des ordres. Une minorité des Notables avisa très bien de réserver aux trois ordres la faculté de se réunir, toutes les fois que tous les trois le voudraient pour traiter une question d'intérêt commun. Dans ces circonstances le gouvernement décida que sur 1000 membres des états-généraux la moitié reviendrait au Tiers, mais il ne dit rien sur la séparation ou la réunion des ordres. Evidemment, cette question était laissée à la décision des ordres mêmes. Les trois ordres restaient absolument séparés, mais il leur appartenait de se réunir, soit partiellement, soit entièrement. C'était ce qu'avait proposé la minorité des Notables, et on ne pouvait de bonne foi expliquer autrement le silence royal. Le nombre double accordé au Tiers ne pouvait fournir un argument en faveur de la réunion, parce que le Tiers doublé menaçait d'absorber les deux autres ordres en cas de réunion, et que, les ordres restant séparés, une prépondérance considérable était déjà assurée au Tiers. En effet, cette prépondérance résultait du nombre double des représentants du Tiers, de l'immense supériorité numérique de cette partie de la nation sur la noblesse et le clergé, et des circonstances qui faisaient du Tiers des demandeurs, et des ordres privilégiés des défendeurs condamnés d'avance à perdre au moins une bonne partie de leurs avantages. Néanmoins le Tiers, décidé à absorber les deux autres ordres, émit dès le premier jour (6 mai) la prétention que la vérification des pouvoirs dût se faire en commun, et à cet effet, invita ces ordres à se rendre dans sa salle, la plus grande des trois, où l'ouverture des états-généraux avait eu lieu la veille. Cette invitation n'ayant pas été acceptée, et beaucoup de négociations étant restées infructueuses, le ministre Necker proposa enfin, au nom du roi, un moyen terme (1 juin), que le clergé accepta, mais que le Tiers écarta tardivement (10 juin), sous prétexte que la noblesse l'ayant rejeté, il était inutile de l'examiner. Le roi répondit fort bien : que la noblesse, au lieu de rejeter la proposition, l'avait acceptée sous une réserve, et que l'examen de la proposition royale par le Tiers, qu'exigeait la déférence due au roi, n'était donc point inutile ; d'autant moins que l'acceptation inconditionnelle par le tiers aurait pu engager la noblesse à abandonner sa réserve. Cette arrogance du Tiers fut suivie le 12 juin d'une nouvelle invitation formelle aux deux ordres à l'effet de se rendre dans „la salle des états", afin de procéder à la vérification des pouvoirs en commun; et le lendemain (13 juin) le Tiers commença à vérifier les pouvoirs, d'abord des membres du clergé et de la noblesse, lesquels ne comparaissant point sur l'appel nominal furent considérés comme défaillants, ensuite de ses propres membres. Enfin le 17 juin, après l'accession d'un nombre insignifiant de curés (3 puis 9 = 12 seulement), le Tiers se constitua comme *assemblée des représentants de la nation* sous la dénomination *d'assemblée nationale*; de telle sorte que les membres des deux autres ordres y seraient reçus, sans que ces ordres eussent le moindre droit à représenter séparément la nation. En même temps l'assemblée déclara consentir à la perception des impôts actuels et au paiement de la rente publique jusqu'à sa propre séparation, de quelque cause qu'elle survînt. Cet acte fut suivi d'une prestation générale de serment.

Il est évident que cette constitution en assemblée nationale contenait une *double* usurpation de pouvoir. En *premier* lieu, le Tiers se substituait aux états-généraux: lui seul formait désormais ces états, parce qu'il représentait à lui seul la nation; et c'est par générosité qu'il consentait à recevoir aussi dans son sein les députés du clergé et de la noblesse, lesquels, ne représentant ensemble que 4% de la nation, avaient négligé de se présenter pour la vérification de leurs pouvoirs. En *second* lieu, tandis que le roi n'avait convoqué les états-généraux que pour lui *proposer* des *réformes*, et que les députés n'avaient reçu d'autre mandat de leurs électeurs, le Tiers attribuait aux états-généraux la mission vague de représenter „la nation" et d'exercer tous les droits et le pouvoir entier de cette nation. — L'acte du 17 juin parut très grave à Necker et au roi. On résolut d'intervenir, d'organiser à cet effet une séance royale et d'empêcher immédiatement des démarches ultérieures du Tiers. A cet effet, la grande salle où délibérait le Tiers, fut occupée le 20 juin de bonne heure par des ouvriers, et avis fut donné le matin de ce même jour: qu'une séance royale aurait lieu le 22 juin, et que les séances des trois ordres étaient suspendues en attendant. On sait que les députés du Tiers, trouvant leur salle fermée le 20 juin, se rendirent, à l'exemple de leur président Bailly, dans la salle du jeu de paume, où ils résolurent de s'engager par serment à ne point se séparer avant que la constitution ne fût achevée et solidement établie. Ce serment, prononcé de vive voix par le président Bailly, fut ensuite mis par écrit et confirmé par la signature de tous les membres, moins un seul. Ce serment célèbre contenait une nouvelle usurpation: l'assemblée s'attribuait la mission, non simplement de proposer des réformes dans le droit public existant et dans l'administration actuelle, mais elle s'attribuait la mission et le pouvoir de donner une constitution au pays. Elle s'érigeait en constituante.

Il est important de se convaincre que la séance royale du 23 juin, à laquelle Necker n'assista pas, parce qu'il n'osait pas montrer tant de fermeté dans les *formes*, se distingua par la modération des paroles du roi et par la sincérité de son désir de ramener les états-généraux à l'accomplissement de leur tâche, celle de proposer les réformes exigées par le bien public. Après avoir déploré la dissension des ordres, le roi déclara annuler les délibérations du 17 juin et celles qui les avaient suivies, comme illégales et inconstitutionnelles. Il maintint donc la séparation des trois ordres en trois chambres, sauf à délibérer ensemble quand tous y consentiraient; et finalement il ordonna aux trois ordres de se séparer immédiatement après la séance royale et de se réunir chacun dans sa chambre. Il n'accusa donc pas le Tiers de *l'usurpation* contenue dans l'acte de se constituer en assemblée nationale. Et au lieu de lui reprocher l'usurpation contenue dans le serment du jeu de paume, il lui rappela seulement que les décisions des états-généraux n'auraient aucune force de loi sans la sanction royale. Enfin, comme les états-généraux n'avaient absolument rien fait à partir du 5 mai jusqu'au 23 juin, c-à-d. pendant plus de six semaines, il leur annonça que s'ils ne remplissaient pas leur tâche, il comptait travailler seul au bien-être de ses peuples, comme leur vrai représentant. C'était un reproche bien mérité. — De plus, le roi communiqua aux états ses projets de réforme et leur en fit donner lecture. Ces

projets contiennent: 1. le principe qu'aucun impôt ne sera
levé sans le consentement des représentants, un budget
annuel, une liste civile du roi etc.; 2. le principe de
l'égalité des impôts pour tous, conformément à l'intention
des deux ordres de renoncer à leurs privilèges pécuniaires;
3. le principe de l'établissement d'états provinciaux dans
la proportion de $\frac{5}{10}$, $\frac{3}{10}$ et $\frac{2}{10}$ pour le tiers état, la noblesse et le clergé, ces états devant être élus par les
électeurs des trois ordres et chargés de l'administration
provinciale avec beaucoup de *décentralisation*; 4. le principe de l'abolition des corvées pour la confection et l'entretien des chemins; 5. l'invitation faite aux états-généraux de proposer des moyens d'assurer la liberté individuelle (spécialement par l'abolition des lettres de cachet)
sans mettre en danger la sûreté publique et nationale,
et les moyens de concilier la liberté de la presse avec le
respect dû à la religion, aux bonnes moeurs et à l'honneur des
citoyens; 6. l'invitation de s'occuper de la suppression
des douanes intérieures; 7. la promesse royale d'examiner
les projets des états-généraux concernant l'administration
de la justice et la révision des lois civiles et criminelles.
On ajoutait: que toutes les réformes sanctionnées par le
roi ne pourraient être modifiées sans le consentement de
chacun des trois ordres, et que le roi adopterait volontiers tout autre projet salutaire que les états-généraux
lui soumettraient. — Le Tiers s'offensa du discours royal, qui
lui parut impératif, même despotique. Cependant les ex-

pressions „j'ordonne" et „mes bienfaits", à propos des réformes annoncées, étaient traditionnelles et naturelles dans la bouche d'un roi absolu qui allait limiter son pouvoir mais ne songeait pas à diminuer le prestige de la royauté. Néanmoins, pour ne pas avoir l'air d'obéir à un *ordre* du roi, le Tiers, après le départ du roi et des autres ordres, resta dans la salle à titre d'assemblée nationale; et lorsque le grand-maître des cérémonies fut venu répéter l'ordre du roi, le président Bailly eut l'arrogance de dire: „Je crois que la *nation réunie* n'a pas à recevoir des ordres." Mirabeau ajouta: „Allez dire à ceux qui vous envoient, que la force des baïonnettes ne peut rien contre *la volonté de la nation*." Ainsi, par ces deux puissants organes, le Tiers, constitué en assemblée nationale, s'identifiait déjà avec *la nation*.

On sait que peu de jours après la séance royale le triomphe du Tiers fut complet. L'audace qu'il déploya après cette séance, resta impunie. La plus grande partie du clergé inférieur qui sympathisait avec le Tiers, entra le lendemain dans sa salle avec 5 évêques et 2 archevêques; le 26 juin 47 nobles suivirent cet exemple, et le 27, sur l'invitation du roi même, le reste du clergé et des nobles se joignit au Tiers. Dès ce moment, les privilégiés furent complètement absorbés par le Tiers devenu assemblée nationale; et cette assemblée continua à s'identifier avec la nation, à affaiblir le gouvernement et à montrer une honteuse complaisance pour la populace de Paris.

Le renvoi de Necker (11 juillet) ne fut nullement dû à l'influence d'une camarilla qui méditait de se défaire au plus vite de l'assemblée. Rien n'est plus improbable; on osait si peu alors, on avait de si bonnes intentions, et dans la situation où se trouvait depuis longtemps le pays, on ne songeait pas à se priver de l'appui de l'assemblée nationale, dont on avait déjà patiemment accepté les usurpations. Mais Louis XVI et ses autres conseillers désiraient réprimer les mouvements séditieux de la populace et l'indiscipline des troupes de Paris avec plus de vigueur que n'en voulait déployer Necker, soit faute de courage, soit parce qu'il craignait de perdre sa popularité.

Le même jour Mounier proposa à l'assemblée de faire savoir au roi qu'elle n'avait *aucune confiance* dans les *nouveaux ministres*, et de le prier de *rappeler* Necker. L'assemblée refusa d'abord d'aller si loin; elle se contenta de dire au roi: que tout en reconnaissant son droit de choisir ses ministres, elle ne pouvait lui cacher que le renvoi de Necker était la première cause des désordres récents. En même temps elle lui représentait „la nécessité de rappeler les troupes qui occupaient Paris, et dont la présence irritait le peuple, et de confier la garde de Paris à la milice bourgeoise", à celle que les électeurs de Paris venaient de former, et pour laquelle ils avaient prié l'assemblée d'obtenir la sanction royale. Le roi répondit poliment: qu'il ne partageait pas les vues de l'assemblée et ne pouvait cesser de lui recommander la continuation de ses travaux importants. L'avis de retirer les troupes et de livrer Paris à la nouvelle garde civique était en effet un avis insensé, vu l'état séditieux de la capitale. Mais l'assemblée, au lieu de s'arrêter à ce point de vue, et désirant être agréable à la populace qu'elle craignait, s'empressa de profiter de cette occasion pour faire un pas de plus dans la voie de l'usurpation. Elle déclara donc à l'unanimité (le 13 juillet) — et cette réponse fut communiquée au roi et publiée — que „Necker avait sa *confiance*, qu'elle ne cesserait d'insister sur l'éloignement des troupes et sur l'établissement de la garde civique, et que les ministres et autres agents du gouvernement, civils et militaires, seraient *responsables* de tout attentat aux droits de la nation et aux décrets de l'assemblée". C'était se comporter en *parlement* exerçant par rapport au roi, quant au gouvernement général de l'état, le pouvoir parlementaire moderne.

Deux jours après, le 15 juillet, la Bastille ayant été prise le 14, le roi se rendit à pied à l'assemblée et la pria de l'aider à rétablir l'ordre à Paris; le 16 il rappela Necker et éloigna les troupes de Paris; le 17 il se vit obligé de se rendre à Paris, à l'hôtel de ville, d'approuver la nomination révolutionnaire de Bailly comme maire et de Lafayette comme commandant de la garde nationale, et de faire les yeux doux à la populace, dont tous les excès récents furent recouverts du voile de l'oubli. C'était déjà la fin de la monarchie. — Le cours des événements eût été différent, si le Tiers s'était occupé seulement et immédiatement de son devoir de proposer des réformes, sans se soucier de la populace et de la faveur populaire, et si, fidèle au roi, il l'avait soutenu moralement contre le peuple de Paris et l'avait encouragé à réprimer les mouvements séditieux. Tout au contraire, il détruisit, à son propre profit et au profit de la populace, par l'usurpation et en favorisant l'anarchie, un gouvernement qu'il ne pouvait remplacer.

L'usurpation commise par les forts aux dépens des faibles est une forme mitigée de *violence*. Sous ce rapport le Tiers, en usurpant le pouvoir royal, avant comme après sa métamorphose en assemblée nationale et constituante, travailla dès le commencement au renversement *violent* de l'ancien régime.

Cependant la même assemblée se laissa violenter dès l'origine par le bas peuple et ses meneurs. En effet, le Tiers permit dès le premier jour au public d'entrer dans sa grande salle et d'y occuper les tribunes qu'on y avait construites pour la solennité de l'ouverture des états-généraux. Il souffrit patiemment que ce public se mit à applaudir et à huer les orateurs, à les interrompre et à les menacer, à encourager les uns et à intimider les autres: toujours, bien entendu, dans le même sens. Malgré ces abus, l'assemblée ne protesta jamais contre la présence ni contre l'impertinence du public, dont cependant le contrôle était hors de saison dans des réunions auxquelles il n'avait aucun droit d'assister, et où l'on devait discuter des réformes politiques. Le 16 juin, la veille du jour où le Tiers se constitua en assemblée nationale, le député Malouet proposa de compter les voix dans la question de la présence du public, et un grand nombre de députés opposants se rangèrent de son côté. Sur ce, un homme du public accourut, saisit Malouet au collet et lui dit: „tais-toi, mauvais citoyen". On dégagea Malouet, mais le Tiers ne réagit pas. Dès le 26 juin, l'assemblée admit même des députations des électeurs de Paris, qui se présentaient en qualité de commettants des membres des états-généraux et des députés du Palais-Royal — c-à-d. d'un rassemblement séditieux d'inconnus, renouvelé chaque jour sous la protection de l'indigne duc d'Orléans (Philippe Egalité) — mais qui ne pouvaient invoquer aucune qualité. L'intimidation exercée par le public qui assistait aux séances, se prolongeait nécessairement au delà de la salle, tant à Versailles, où la populace attendait les députés à la porte, qu'à Paris, où la populace connaissait les noms de ceux qui avaient parlé contre le gré des passions révolutionnaires. Ajoutez que les membres plus avancés, s'appuyant sur la faveur populaire, intimidaient ceux qui étaient moins avancés, et qui d'ordinaire formaient la majorité.

La journée théâtrale du serment du jeu de paume (20 juin) fournit un exemple remarquable de la liberté dont on jouissait dans l'assemblée nationale. Un seul membre,

Martin d'Auch, désapprouvant ce serment usurpateur, apposa sa signature en ajoutant le mot „opposant". Cet acte courageux fit naître une tempête contre lui dans l'assemblée. Enfin le président Bailly, après l'avoir ser-monné, le fit sortir pour le soustraire aux conséquences d'une „indignation bien légitime" (celle de ses collègues); et ce par une porte dérobée pour le soustraire à une „in-dignation bien plus terrible": celle du peuple attroupé hors de la salle et déjà instruit de l'acte téméraire de Martin d'Auch. Ensuite — c'est Bailly qui le raconte — on délibéra sur ce qu'il fallait faire du mot „opposant". Quelques uns proposèrent de le rayer, mais on résolut finalement de le laisser „pour prouver la liberté des opi-nions". C'était une concession qu'on n'osa pas refuser aux principes qu'on proclamait bruyamment; mais il fal-lut un effort de conscience pour s'y résoudre.

Martin d'Auch, échappé à la foule, fut plus heureux que l'archevêque de Paris, de Suigné, homme très popu-laire à cause de sa bienfaisance extraordinaire pendant la famine de 1788/9. Le 25 juin, après la séance royale, il s'était rallié à la minorité du clergé qui avait main-tenu la séparation de cet ordre. La populace le sut, l'assaillit dans sa voiture qui le reconduisait chez lui, et l'assiégea ensuite dans sa maison, de telle sorte qu'il se vit contraint à promettre par écrit qu'il se joindrait au Tiers.

On voit par ces exemples que la question de la sépara-tion des ordres n'avait nullement été considérée par les meneurs du Tiers et hors du Tiers comme une question académique. Au contraire, la populace avait été excitée à exiger la constitution de „l'assemblée nationale", où l'indépendance du pouvoir royal et celle des deux ordres privilégiés allaient disparaître à la fois. C'est ce qui nous fait comprendre que le comte d'Artois ait pu écrire le 27 juin au président de l'ordre de la noblesse, que si l'ordre entier ne se réunissait pas au Tiers, la vie du roi serait en danger.

La soumission volontaire du Tiers au contrôle du public assistant aux séances et identifié avec les électeurs en général, avec la nation représentée par les députés, se dessine bien dans un épisode de la lutte sur la réunion des trois ordres. Le roi ayant invité le Tiers, le 28 mai, à coopérer à de nouvelles tentatives pour arriver à la solution des difficultés survenues entre les ordres, le député Malouet proposa d'éloigner les étrangers, vu l'importance de l'objet de la discussion. „Les étrangers" s'écria Volney, „vos électeurs, dont vous n'êtes que les représentants, les mandataires; vous prétendez vous soustraire à leurs regards; et vous devez leur rendre compte de tout ce que vous faites et de tout ce que vous pensez!" Le discours de Volney fut applaudi, la proposition de Malouet huée. Ce dernier, nous l'avons vu, eut encore moins de succès le 16 juin suivant.

Le 30 juin les émeutiers du Palais-Royal forcèrent la porte de la prison de l'Abbaye pour en retirer quelques soldats réfractaires à la discipline, qu'ils conduisirent en triomphe au Palais-Royal. Le „peuple" du Palais-Royal expédia ensuite des hommes inconnus à l'assemblée pour demander son intervention en faveur des soldats qui se trouvaient toujours „sous la sauvegarde du peuple". Alors l'assemblée, par crainte de la populace, sans connaître les faits, entra en négociations avec ces émissaires inconnus d'un rassemblement séditieux, et résolut finalement de recommander les soldats libérés à la clémence du roi. Le pauvre roi promit d'être clément, par déférence pour l'assemblée, dès que l'ordre serait rétabli, „espérant, comme il ajoutait tristement, qu'il n'aurait pas à se repentir de sa clémence". Conséquemment les soldats furent reconduits en prison pour la forme, puis graciés.

Necker, rappelé par le roi, accueilli chaleureusement par l'assemblée, fut reçu le 30 juillet à l'hôtel de ville de Paris. Il y obtint de l'assemblée des électeurs, des représentants de la commune nouvellement élus et de la foule rassemblée dehors, outre la mise en liberté de son compatriote de Besenval — le ci-devant commandant des troupes de Paris, qui ne se sentant pas en sûreté, s'était mis en route pour la Suisse, mais qui avait été arrêté sur un ordre de la municipalité de Paris — une amnistie générale. Malheureusement ces résolutions arrachées dans un moment d'enthousiasme à la populace et à ses meneurs et représentants, furent suivies d'une réaction soudaine; le soir même la commune expédia l'ordre de ne pas relâcher de Besenval, et ce contrairement à l'ordre envoyé le matin. Le lendemain (31 juillet) l'assemblée fut saisie des deux questions de la mise en liberté et de l'amnistie. Elle n'eut pas le courage moral de soutenir Necker, dont elle avait tant demandé le rappel; tout ce qu'elle osa faire, fut de déclarer que l'amnistie n'avait pu être légalement proclamée et que de Besenval devait rester détenu. — Pendant la discussion sur ces questions un député exprima fidèlement et naïvement la dépendance où l'assemblée se trouvait de ce qu'on appelait le peuple, c-à-d. la populace de Paris avec ses représentants et ses meneurs. „Il ne faut pas, dit-il, que le *peuple* voie l'assemblée se ranger du côté de ses *adversaires*; il faut tenir compte de l'opinion du peuple et ne pas suivre les principes rigoureux de la justice et de la raison.'

Trois jours après (le 2 août) l'assemblée élut président le député Thouret. Cette nomination fut mal reçue par le parti le plus avancé de l'assemblée, et le lendemain elle trouva un si mauvais accueil au Palais-Royal, que Thouret se crut obligé de donner sa démission, laquelle fut acceptée en silence.

Voilà la liberté dont jouissait, pendant le premier trimestre, c-à-d. l'âge d'or, de la révolution, l'assemblée usurpatrice. La vérité est qu'elle avait une peur atroce du nouveau pouvoir d'en bas, et qu'elle ne craignit jamais *sérieusement* l'ancien pouvoir d'en haut, dont la faiblesse, l'irrésolution et la douceur lui étaient connues par expérience; qu'elle cachait soigneusement la crainte honteuse que le peuple lui inspirait, et qu'elle feignait de craindre les projets réactionnaires attribués sans fondement au roi, à la reine, à la cour, et faisait parade de cette crainte.

Passons aux excès de la populace de Paris qui ont accompagné dès le premier jour le fonctionnement des états-généraux.

Le 27 avril, jour fixé d'abord pour l'ouverture des états-généraux, la populace brûla en effigie le fabricant Réveillon, qui lui avait déplu pour avoir désapprouvé les violentes harangues de ses ouvriers, et qu'elle accusait d'aristocratie et de mépris pour les ouvriers; le lendemain elle pilla et incendia sa maison. En attendant, Réveillon avait échappé à la fureur de ses ennemis en se réfugiant dans la *Bastille*. A cette époque, ce monument du despotisme n'était donc pas tout à fait inutile!

Le renvoi de Necker (12 juillet) servit de prétexte aux plus grands désordres et excès. Camille Desmoulins y excita la foule du Palais-Royal, en lui apprenant que la cour méditait une S. Barthélemy de *patriotes*, et qu'il fallait l'en empêcher en courant aux armes. Alors déjà la lie du peuple était décorée du titre de *patriotes* par opposition aux aristocrates. Bientôt le pillage des boutiques de boulangers, de marchands de vin et d'armuriers commença. Les barrières de l'octroi furent brûlées. Le monastère des Lazaristes fut pillé et dévasté. Les armes de l'hôtel des Invalides et du Garde-Meuble furent enlevées. Ces violences précédèrent immédiatement la prise glorieuse de la

Bastille (14 juillet). — Malheureusement la Bastille n'a pas été prise. La populace et les gardes-françaises révoltés qui l'attaquaient, ne pouvaient la prendre avec les moyens dont ils disposaient. Elle capitula après s'être très mal défendue, le gouverneur et la garnison n'osant tuer des concitoyens et se sentant troublés par la vue d'une foule immense où les spectateurs se confondaient avec les assaillants. — On sait que le gouverneur de Launay et quelques officiers et soldats furent perfidement entraînés et tués par la populace, malgré la promesse des chefs d'attaque improvisés, qu'il ne serait fait de mal à personne. La tête du gouverneur fut ensuite séparée de son corps et promenée sur une fourche au milieu d'un grand cortège. Un des invalides qui ouvrirent prématurément la porte de la Bastille aux assiégeants, fut pendu, et sa main coupée fut promenée par Paris. Le même jour, Flesselles, prévôt des marchands de Paris (= Lord Mayor), devenu suspect et déclaré traître au Palais-Royal, fut enlevé de l'hôtel de ville pour être conduit au Palais-Royal. Chemin faisant il fut tué d'un coup de pistolet tiré dans la foule, et sa tête fut promenée sur une pique. Le nouveau maire Bailly, et le commandant de la garde nationale, Lafayette, furent impuissants à contenir la foule les jours suivants. Lafayette écrit le 16 qu'il a déjà sauvé la vie à six personnes qu'on pendait dans les différents quartiers. Du 14 au 22 il en sauva dix-sept au péril de sa vie. Jugez du nombre des victimes qu'il ne put sauver.

Le 22, par exemple, il ne put sauver le conseiller d'état Foulon ni son gendre Berthier, deux hommes distingués et nullement méchants, mais calomniés et proscrits au Palais-Royal. L'un et l'autre furent arrêtés hors de Paris et conduits dans la ville par la populace. Malgré les supplications de Lafayette, Foulon fut pendu trois fois (la corde s'étant rompue deux fois) à la lanterne, après quoi sa tête coupée fut promenée sur une pique. Berthier, poussé vers une lanterne, s'étant défendu, fut assommé. On lui coupa la tête et lui arracha le coeur. Ces deux trophées furent portés en triomphe à l'hôtel de ville pour être montrés à Lafayette, ensuite au Palais-Royal, où le coeur fut promené dans un bouquet d'oeillets blancs.

Voilà le bouquet d'événements antérieurs et postérieurs, où la plus belle fleur de la révolution — la prise de la Bastille — tient la place du milieu. Les héros qui ont accompli ce fait d'armes, appartenaient à la même engeance que les massacreurs de de Launay, Flesselles, Foulon, Berthier etc. Quant à la Bastille même, elle avait déjà cessé d'être un instrument de despotisme; on n'y trouva et n'y délivra que cinq malfaiteurs vulgaires et deux personnes devenues folles, qui y étaient restées enfermées à ce titre. Les républicains révolutionnaires qui font du 14 juillet la grande fête nationale, s'obstinent-ils à ignorer l'*histoire* de la révolution, ou sont-ils les dupes de leur propre ignorance?

Les héros „massacreurs" n'ont paru que plus tard sur la

scène de la révolution; mais il ne faut pas croire qu'ils étaient tous absents ou inactifs dans les premiers mois de la révolution, ou bien pénétrés encore du „lyrisme de 1789". Au Palais-Royal, par exemple, le vaurien [1]) Camille Desmoulins excitait déjà ouvertement à la guerre contre l'aristocratie pour la dépouiller de ses biens. Dans l'assemblée, Robespierre ne manqua pas de s'opposer (le 31 juillet) à l'amnistie obtenue par Necker et de demander l'application rigoureuse du principe: que les hommes „suspects à la nation" doivent être soumis à une justice exemplaire.

En voilà assez sur „l'heure lyrique de 1789". L'insuffisance de la réserve faite pour 1793 n'est pas moins manifeste. Passons sous silence les autres aménités de 1789 à 1792. Mais que dire de l'envahissement des Tuileries qui eut lieu le 20 juin 1792, du sac des Tuileries qui eut lieu le 10 août, du carnage qui le suivit, et de l'emprisonnement subséquent de la famille royale dans le Temple? Que dire des massacres systématiques inouïs du 2 au 5 septembre, qui furent précédés d'une arrestation en masse de victimes prédestinées, faite au gré de la commune et de Danton, avec l'autorisation de l'assemblée législative, autorisation qui permettait de „saisir les armes et les traîtres"? Que dire de la politesse des assassins qui

---

[1]) Pour cette qualification v. l'article „C. Desmoulins" dans les portraits révolutionnaires de Cuvillier-Fleury.

portèrent la tête de la princesse de Lamballe à la prison du Temple pour la montrer à son amie, la reine? Que dire des imitations de ces massacres parisiens dans plusieurs villes de France sous l'influence de la commune de Paris? Que dire du procès du roi, préparé en novembre et commencé officiellement le 2 décembre 1792? — Il est vrai que l'exécution du roi et de la reine, les grandes guerres civiles et les vengeances sauvages exercées à Nantes, à Lyon, à Toulon etc., par les émissaires de Paris, ainsi que l'exécution des girondins, furent réservés à l'année 1793. Mais en 1794 on eut encore l'exécution des hébertistes, au nombre de 19, puis des dantonistes, de Lucile Desmoulins et de la femme de Hébert, enfin de la princesse Elisabeth prisonnière au Temple, qui fut guillotinée (le 9 mai 1794), la dernière de 26 victimes envoyées à la fois à l'échafaud. Alors vint la „grande Terreur", celle de l'exécution — par fournées de 50 condamnés — pendant six semaines des mois de juin et de juillet, de 1200 à 1300 personnes. Robespierre suivit le 28 juillet (10 thermidor) avec 21 compagnons, dont il fut exécuté le dernier. Deux jours après, une septantaine de ses partisans furent exécutés sur l'échafaud. Leur sort fut partagé tardivement en 1795 (le 7 mai) par l'accusateur public Fouquier Tinville et 15 juges du tribunal révolutionnaire. La réaction vengeresse appelée „terreur blanche", désola le midi de la France au printemps de 1795. Le 20 mai de cette même année l'assemblée fut de nouveau envahie par la populace menée par les jacobins. A cette occasion le député Féraud fut tué, et sa tête portée sur une pique fut présentée au président. Six d'entre les meneurs furent condamnés à mort. Trois se donnèrent la mort en prison, les trois autres furent guillotinés.

Ainsi on ne peut renfermer dans 1793 les atrocités de la révolution. On l'a tenté, parce qu'on ne pouvait nier la réalité historique de la *Terreur*, et que, comme il fallait à la Terreur une époque, on crut ne pouvoir mieux faire que de lui assigner l'année de l'exécution du roi, de la reine et des girondins, l'année des noyades de Nantes et des massacres en masse de Lyon. Mais la terreur, loin d'être une spécialité de 1793, loin d'être une exception dans la période révolutionnaire, en a été une note continue. Nous pouvons distinguer: 1°. *l'introduction à la terreur*, par l'intimidation et la crainte continuelle que subirent le roi et la maison royale, le gouvernement, les privilégiés, les modérés, dès l'ouverture des états-généraux jusqu'à la prise de la Bastille, (du 5 mai au 14 juillet 1789, plus de deux mois); 2°. *la terreur simple*, dont furent frappées les mêmes catégories de personnes depuis la prise de la Bastille jusqu'au sac des Tuileries 10 août 1792 (plus de deux ans); 3°. *la grande terreur*, pour tous ceux qui n'appartenaient pas au parti extrême actuellement dominant, depuis le sac des Tuileries jusqu'à l'exécution des dantonistes (5 avril 1794 =

près de 20 mois); 4°. *la terreur aiguë*, pour tout le monde excepté pour Robespierre et ses fidèles sectateurs, depuis l'exécution des dantonistes jusqu'à l'exécution de Robespierre et des siens (la fin de juillet 1794 = près de 4 mois); 5°. le *relâchement de la terreur*. En effet, la terreur ne finit pas avec Robespierre. Elle se relâcha seulement et perdit, si ce n'est par intervalles, son caractère sanguinaire. Elle subsista pour l'église et pour l'ancienne aristocratie, surtout pour les anciens prêtres non assermentés et les émigrés. Il y eut même un élément constant de terreur mêlé aux luttes entre les partis révolutionnaires et républicains, dont les plus avancés dominèrent tour à tour dans la convention et plus tard (depuis nov. 1795) sous le directoire dans les conseils et parmi les directeurs. Plusieurs commotions violentes eurent lieu, outre celles déjà mentionnées, après la chute de Robespierre. Le 5 oct. 95 (15 vendémiaire) la réaction monarchiste fut comprimée par Bonaparte dans un combat sanglant. Le 29 juillet 96, la conspiration communiste de Babeuf ayant été découverte, 31 des conspirateurs furent fusillés; et après un long procès, les chefs Babeuf et Darthe furent guillotinés. Enfin le coup d'état du 3/4 sept. 97 (fructidor) établit une nouvelle terreur jacobine. La terreur ne finit qu'avec la révolution même. La loi des ôtages, du 12 juillet 1799, était encore allée jusqu'à décréter que les parents des émigrés seraient responsables de tous les mouvements insurrectionnels qui auraient lieu dans leurs communes, et des dommages pécuniaires causés par ces mouvements. Il faut le reconnaître à son honneur., ce fut Napoléon qui mit fin à la terreur.

L'histoire est pleine d'atrocités et de massacres. L'antiquité grecque et romaine, l'invasion germanique, le moyen âge chrétien et le moyen âge musulman, l'Europe du 15e, du 16e et de la première moitié du 17e siècle nous en fournissent une riche succession, qui rend les annales de l'histoire pénibles et presque dégoûtantes à parcourir. Depuis, les moeurs et les coeurs s'adoucirent en Europe; on devint plus humain. Cet adoucissement fut surtout considérable pendant la seconde moitié du 18e siècle, où il se rattacha à un mouvement d'idées philosophiques et sociales un peu trop extatiques et théoriques, rationalistes et sentimentales, mais qui étaient un véritable progrès intellectuel. Sous ce rapport la France marchait sans nul doute à la tête de la civilisation européenne. Et cependant ce fut la France qui avant la fin du 18e siècle multiplia, pendant plusieurs années consécutives, les violences, les atrocités et les massacres, et donna sous ce rapport le spectacle inattendu d'un retour à la barbarie ou à la sauvagerie. Ce fut l'impression que les événements de la révolution firent sur les contemporains; et c'est celle que nous devons avoir, à moins de négliger l'étude de l'histoire et la lecture du livre de M. Henri Taine, et à moins d'accepter stupidement la fausse légende de la révolution. La période de la *révolution* contient pour nous *la dernière grande explosion de la férocité humaine*, ou si l'on veut, la dernière *grande* manifestation de ce qu'il y a du *tigre* dans la nature de l'homme.

Il faut se garder de confondre *révolution* et *réforme;* et c'est à tort que M. Ed. Trogan [1]) reproche à Mgr. Freppel, évêque d'Angers, d'avoir distingué, dans sa brochure sur la révolution, les réformes toujours bonnes des créations révolutionnaires toujours damnables. La distinction est juste; car le mot réforme ne désigne que des changements *salutaires* et ne s'applique, en outre, qu'à des changements introduits d'une manière pacifique et graduelle, sans violence et sans bouleversement. On ne peut donc appeler *réformes* les changements *nuisibles* et *mauvais* conçus avant la révolution, soit qu'ils aient été réalisés grâce au mouvement révolutionnaire, soit qu'on les considère comme ayant pu être réalisés d'une manière régulière, sans la révolution. Le système démocratique, par exemple, introduit lors du renversement de l'ancien régime, n'eût pas été une réforme s'il avait été régulièrement établi sans la révolution. Les *bonnes* innovations, au contraire, conçues avant la révolution et réalisées régu-

---

[1]) Dans sa brochure „L'equivoque sur la révolution française", 1889.

lièrement sans la révolution, sont toujours des réformes. En revanche, ces mêmes bonnes innovations ne sont jamais des réformes lorsqu'elles ont été réalisées grâce au mouvement révolutionnaire, non en modifiant ce qui *existait*, mais en lui substituant soudainement et violemment, sans transitions et sans ménagements, des choses nouvelles. Les créations révolutionnaires pèchent toujours par la forme, sinon aussi par le fond.

THÈSE II.

La révolution française a été pour la France un malheur exceptionnel.

La révolution: c.-à.-d. le renversement *révolutionnaire* de l'ancien régime.

Dans des conditions normales les sociétés se transforment lentement et presque sans qu'on s'en aperçoive. Il n'est pas rare sans doute, mais il n'est nullement nécessaire, ni même régulier, que la transformation s'opère au moyen de violences ou en passant par des bouleversements et des luttes acharnées. La société anglaise fournit depuis longtemps le spectacle d'une transformation graduelle et pacifique, où le moyen âge et l'ancien régime disparaissent lentement et font place à toutes les institutions, les moeurs et les tendances, bonnes ou mauvaises, de la société moderne. La France n'a pas eu cette bonne fortune. Non par une incapacité du caractère français, mais par un concours de causes historiques. Abstraction faite de ce concours, la royauté absolue aurait pu devenir une royauté modérée, limitée par les états-généraux ou par un parlement composé des délégués des corps publics inférieurs, sans que le principe de la démocratie représentative se fût imposé; la décentralisation au profit de l'autonomie locale et la réforme fiscale qu'on réclamait en 1789, auraient pu s'opérer régulièrement; les privilèges, les abus et l'arbitraire de l'ancien régime auraient pu être supprimés pacifiquement; les restes nombreux du moyen âge relatifs à la propriété foncière auraient pu être abolis graduellement, la perte d'avantages pécuniaires non iniques étant compensée par des indemnités raisonnables. Malheureusement cette évolution naturelle a été impossible en France. Lors du commencement de l'ère révolutionnaire elle se trouvait dans une condition exceptionnelle. Le mouvement des idées en philosophie et en religion et plus encore en matière politique et sociale avait exalté les esprits, les éloignant de ce qui existait, et les disposant à se précipiter dans les innovations et dans l'inconnu. Le peuple des villes et des campagnes était d'autant moins résigné qu'il était devenu un peu moins misérable. En effet, la prospérité économique avait fait des progrès notables sous Louis XVI, et la condition du peuple était sensiblement meilleure que sous la décadence de Louis XIV. L'arbitraire et les abus de l'administration fiscale s'étaient beaucoup amendés dans la pratique. Des réformes législatives avaient été abondamment projetées et proclamées, sinon introduites, par le gouvernement royal. Les privilégiés mêmes, s'apitoyant ouvertement sur le sort du peuple, lui apprenaient qu'il avait raison de se plaindre. Donc, il supportait beaucoup moins qu'auparavant ce que sa condition lui semblait contenir de dur et d'inique. Dans les années qui précédèrent la révolution, la famine ou la disette causèrent des émeutes sérieuses; et les paysans commencèrent déjà en 1786 et en 1788 à refuser le paiement des redevances foncières. La bourgeoisie devenue riche, instruite et puissante, ne se contentait plus de son infériorité sociale. Les anciennes institutions de la noblesse et du pouvoir royal n'étaient plus soutenues par l'opinion: ni dans les sphères du gouvernement et des privilégiés, ni dans celles de la bourgeoisie et des masses. La royauté, la noblesse et le clergé aristocratique étaient en pleine décadence, incapables de lutter contre les classes vigoureuses de la bourgeoisie et du peuple. La douceur des moeurs de la cour et de l'aristocratie les éloignait des mesures violentes et sanguinaires. On hésitait à se servir de l'armée pour arrêter les insurrections au début et au prix d'un peu de sang versé; les officiers et les soldats français hésitaient à tirer ou à faire tirer sur leurs concitoyens. Le gouvernement d'ailleurs était paralysé par le désordre et l'épuisement des finances de l'état; et la famine de 1788 avait exaspéré le peuple et rempli Paris d'une armée de desperados disponibles pour les émeutes. La grande ville de Paris même fournissait un centre extraordinaire de résistance et d'agression populaire que ne compensait nullement l'armée, affaiblie et amollie depuis la paix de 1783 et déjà depuis celle de 1763, et d'ailleurs, ni habituée, ni à cette époque disposée, à combattre le peuple au lieu de l'ennemi. Enfin, après des siècles de résignation des bourgeois et des paysans, on ne s'attendait à rien d'extraordinaire de la part des classes non privilégiées; et quand les événements commencèrent à se dérouler, on se trouva pris au dépourvu. Personne n'avait organisé, ni projeté, ni même conçu la résistance. On n'avait aucune expérience des révolutions, c'est-à-dire des mouvements impétueux qui renversent un gouvernement ou un ordre social comme un jeu de quilles. On vivait dans les nuages. On avait caressé des théories d'égalité et de liberté inconciliables avec le régime existant, sans songer à la possibilité prochaine de la réalisation de ces théories, entreprise non par des philosophes mais par les mécontents.

Sans la révolution, c-à-d. sans le renversement orageux et violent de l'ancien régime, la France aurait recueilli — non moins que l'Angleterre et toute l'Europe — ce qu'on appelle les bienfaits de la révolution, c-à-d. l'abolition des privilèges, des abus, de l'arbitraire royal, la liberté religieuse et civile, l'égalité de droit, le droit commun privé et public, le gouvernement limité et contrôlé par un parlement, la réforme du droit pénal. Tous ces bienfaits lui seraient échus nécessairement par la transformation naturelle et pacifique de la société, par la continuation du procès destructif et novateur qui n'a cessé de marcher depuis le moyen âge.

Il faut ajouter que, sans la révolution, la transformation

sociale qui en est sortie, aurait été accomplie en France
en beaucoup moins de temps qu'elle n'a eu lieu ou qu'elle
n'eut pu avoir lieu en Angleterre et dans les autres pays
de l'Europe. En effet, la civilisation française était plus
avancée à cette époque que celle de tous ses voisins; la
royauté était plus caduque, l'aristocratie plus énervée, la
bourgeoisie plus puissante; l'ancien régime était plus dé-
passé, le moyen âge plus éloigné, et le mouvement des
idées sur les réformes sociales plus énergique, plus répandu
et plus développé qu'ailleurs. Ainsi l'esprit conservateur
était plus faible, l'esprit progressif plus puissant que dans
le reste de l'Europe.

Remarquons encore que les hommes de la révolution
ont innové sur le terrain des faits et de la loi plutôt que
sur celui des idées, et qu'ils n'ont réalisé que les bonnes
et les mauvaises conceptions de leurs devanciers du milieu
et de la seconde moitié du dix-huitième siècle. Sauf quelques rares épigones, comme Condorcet, ils n'étaient que
de pauvres penseurs, des écoliers enthousiastes mais étroits
de maîtres qui n'étaient plus. Ils n'ont pas inventé la
liberté et l'égalité qu'ils prêchaient, les droits de l'homme,
la souveraineté et les mandataires du peuple, toute la
doctrine démocratique, l'uniformité juridique et politique
et l'unité nationale, la réforme humanitaire de la justice
pénale. Cette réforme avait été généralement réclamée,
même hors de France par Beccaria. Voltaire en avait été
l'avocat éloquent. Les magistrats seuls s'y opposaient.

N'oublions pas non plus qu'un mouvement réformiste important a commencé avant l'ouverture des états-généraux (5 mai 1789). Depuis 1766 le gouvernement avait énergiquement entrepris la réforme des institutions monachiques, surtout en retranchant l'excédent inutile. Les projets de Turgot (1772—74) contenaient le programme d'une bonne partie des innovations que le mouvement révolutionnaire introduisit plus tard. Il est vrai que les réformes proposées par Turgot rencontrèrent, malgré l'appui du roi, des résistances difficiles à vaincre. Il y en eut cependant d'importantes (l'abolition des corvées pour l'entretien des routes et celle des jurandes), qui furent consacrées par des édits royaux auxquels le parlement de Paris — défenseur obstiné de tous les privilèges et de tous les abus, à l'exception de l'arbitraire royal — opposa une vive résistance mais qu'un lit de justice le força à enregistrer. En 1779 ce qui restait du servage fut aboli dans les domaines royaux; le parlement en enregistrant cet édit eut soin d'ajouter: „sans que les dispositions du présent édit puissent nuire aux seigneurs", de peur que les seigneurs ne se sentissent moralement obligés à suivre l'exemple du roi. La question préparatoire — c-à-d. la torture au service de l'instruction criminelle — fut supprimée en 1780. La fixation du montant de la taille pour chaque généralité par des édits enregistrés fut aussi une réforme considérable dans l'administration fiscale. Par son compte rendu (1781) Necker fit entrer la publicité dans les finances de l'état. Vers la fin de 1786 Louis XVI convoqua la première assemblée des notables de 1887 „afin de leur communiquer ses vues pour le soulagement de son peuple, l'ordre des finances et la réformation de plusieurs abus". Calonne et le vieux Vergennes étaient devenus réformistes malgré eux. Il en fut de même de la première assemblée des notables, composée presque entièrement de privilégiés, et du successeur de Calonne (1 mai 1787), le cardinal-archevêque de Brienne. Les notables osèrent exiger que l'état complet des dépenses et des recettes du royaume leur fût communiqué. Ils approuvèrent l'institution des assemblées provinciales proposée par Turgot, la conversion définitive de la corvée en redevances pécuniaires, la suppression des douanes intérieures, la suppression graduelle de la gabelle et la liberté si importante du commerce des grains. Il est vrai qu'ils ne consentirent pas au projet d'un impôt territorial, également réparti sur toutes les terres, même sur le domaine royal. Mais à cet égard de Brienne leur annonça dans son discours de clôture que le roi se déciderait pour l'imposition la moins onéreuse, pour celle qui établirait le plus d'égalité entre les contribuables. De plus, il leur promit pour la fin de l'année courante un état exact des recettes et des dépenses de l'état. Ce même cardinal-archevêque était encore premier ministre, lorsque Louis XVI présenta au parlement dans une séance royale (19 nov. 87) un édit par lequel le mariage et le baptême des réformés furent déclarés vala-

bles et leurs incapacités civiles supprimées, excepté
celle de remplir des emplois publics [1]). Le roi dit à
cette occasion: „La *religion sainte* me commande elle-
même de ne pas laisser une partie de mes sujets privés
de leurs droits *naturels* et de ce que l'état de société leur
permet." Le parlement s'opposa encore à l'enregistrement
de cet édit, ce qui fit qu'il ne fut enregistré qu'en 1789.
Enfin, les réformes demandées dans les cahiers des états-
généraux ont été proposées avant le commencement de la
révolution. En effet, si l'on peut dater la période révolutionnaire de l'ouverture des états-généraux, le renversement de l'ancien régime ne commença que quelque temps
après, ou seulement au mois de juin, lors de l'usurpation
entreprise par le tiers-état. Les intentions du roi manifestées
dans la séance d'ouverture sont également antérieures à la
révolution. Or, le ministre Barentin, qui fut bientôt l'adversaire de Necker par rapport à la répression des troubles
de Paris, annonça à cette occasion: „que le roi entendait

---

[1]) L'assemblée constituante rejeta d'abord une proposition
tendant à l'émancipation complète des protestants; ce ne fut
que par décret du 24 déc. 89 qu'elle déclara „les non-catholiques capables de tous les emplois civils et militaires, comme
les autres citoyens". Ce décret „n'entendait rien préjuger relativement aux juifs, sur l'état desquels elle se réservait de
prononcer". Cependant elle ne s'occupa plus des juifs, lesquels profitèrent de l'indifférence religieuse, pratiquée pour
tous les non-catholiques pendant la révolution et inscrite dans
les constitutions.

sacrifier les faux délices d'une domination illimitée et convertir l'arbitraire en lois; qu'il était juste que la noblesse et le clergé portassent une part proportionnelle des impôts; qu'il fallait s'occuper de la liberté de la presse et des moyens de la concilier avec la sûreté publique et l'honneur des familles; que la législation pénale devait être réformée, la procédure civile simplifiée et corrigée; enfin que le roi s'occupait ou désirait s'occuper de tout ce qui pourrait contribuer au bien public." Il faut, en dernier lieu, considérer comme antérieures à la révolution les déclarations que les ordres de la noblesse et du clergé communiquèrent au Tiers dans une première réunion des commissaires des trois ordres au sujet de la vérification en commun ou séparée des pouvoirs. Par ces communications les deux ordres annoncèrent au Tiers leur résolution de renoncer à *tout* avantage pécuniaire, avant qu'aucune réforme eût été discutée au sein du tiers-état, et bien avant „la nuit historique" du 4 août.

Les hommes de la révolution ne se sont pas bornés à réaliser les idées que leurs devanciers avaient conçues; ils ont appliqué ou tâché d'appliquer également, avec une ferveur spéciale, ce que leurs devanciers avaient mal pensé, et surtout les fausses théories de J. J. Rousseau. Celle, par exemple, de l'état de nature ou primitif, où tous les hommes vivent libres et égaux; celle du contrat social conclu par ces unités humaines; celle de la souveraineté du peuple, dont les gouvernements ne sont que les mandataires toujours révocables et toujours obéissants; celle de l'omnipotence de l'état, auquel les individus, par le contrat social, se sont donnés tout entiers; celle de l'omnipotence de la majorité, c'est-à-dire en réalité, du bas peuple ou plutôt de ses meneurs; lesquels d'ailleurs (comme M. Taine le développe si bien) sont dispensés de consulter la volonté du peuple quant aux questions de principes, parce que cette volonté, qui est ou doit être conforme à la nature des choses et aux principes de la raison, est parfaitement connue aux hommes imbus de la sagesse nouvelle. Ainsi les meneurs du peuple pouvaient hardiment parler au nom du peuple souverain et appliquer l'omnipotence dont l'état est revêtu par la volonté populaire.

Les hommes de la révolution ont réalisé les bonnes idées du dix-huitième siècle, non leurs propres conceptions; mais ils l'ont fait d'une manière détestable, par l'usurpation, la violence, la spoliation, l'assassinat politique, avec un mépris complet de l'histoire, de la tradition, de la transition, des croyances et des voeux populaires, enfin avec des exagérations presque ridicules, comme la division de la France en départements arbitraires quant aux habitants, et comme le calendrier révolutionnaire avec ses décades au lieu de semaines, ses jours supplémentaires ou sans-culottides, et ses instruments, ses animaux et ses végétaux substitués aux saints.

La manière dont la révolution a rendu ses bienfaits — c'est ce qu'on ne doit pas perdre de vue — a valu des

souffrances aiguës aux contemporains : à la famille royale,
aux noblés, au clergé, aux populations de la Vendée,
de Nantes, de Toulon, de Lyon etc, et à toutes les autres
victimes, mais en même temps à bon nombre des auteurs
du renversement de l'ancien régime, qui finirent par l'émi-
gration, la prison ou la guillotine. Mais ce n'est pas tout.
La révolution a acquis ses bienfaits, non seulement *d'une
façon douloureuse* et *dans un accès de démence prolongé;*
en outre elle a fort mal acquis une partie importante de
ses bienfaits : la liberté et l'égalité.

D'abord la France n'a pas obtenu la possession calme
et assurée de la liberté civile, pour ne pas l'avoir conquise par des efforts soutenus et prolongés, pour ne pas
en avoir fait l'apprentissage et contracté l'habitude. En
effet, quoique la liberté fût inscrite dans les constitutions
et les lois, l'enseignement pratique de la révolution fut
celui de l'anarchie et de la tyrannie, suivis fatalement du
despotisme : enseignement qui dura un quart de siècle. Ce qui
manque donc au peuple français, c'est la liberté anglaise,
celle qui ne connaît ni ne souffre le joug, celle qui sait
se faire respecter, parce que tous ceux qui exercent quelque pouvoir public s'attendent à une résistance immédiate,
obstinée et universelle à la moindre atteinte portée à la
personne, à la maison, au droit privé ou public, soit local
soit central, de qui que ce soit. Aussi les gouvernements
postérieurs à la révolution sont retombés facilement dans
l'arbitraire, dans l'oppression, dans le despotisme. Et ce

faisant, ils n'ont pas eu à se plaindre de l'indocilité de leurs sujets. Les gouvernements qui respectaient la liberté, ont eu plus de peine à se soutenir que ceux qui en faisaient bon marché. Bien plus, comme on n'avait pas appris le selfgovernment et l'obéissance volontaire à la loi et à ses organes, on s'empressait à se donner un maître, pour échapper à l'anarchie résultant des mouvements révolutionnaires, ou aux gouvernements faibles issus du régime démocratique et parlementaire. En effet, l'ancienne habitude d'être gouverné donnait au peuple français le goût des gouvernements indépendants et forts, lui rendait sympathiques des chefs nationaux énergiques et imposants, et lui faisait préférer les Césars aux rois bourgeois, les Napoléon aux Louis Philippe, les Gambetta aux Grévy, le roi cigogne qui faisait inutilement marcher la nation à la boucherie, au roi soliveau ou fainéant, soucieux seulement de ses intérêts pécuniaires et de ses intérêts de famille.

Il est vrai que la révolution a donné au peuple français une égalité de droit qui ne laisse rien à désirer, et qui est restée intacte pendant tout le cours du dix-neuvième siècle. Mais ce peuple habitué à une aristocratie de caste et aux splendeurs de la cour ne pouvait supporter impunément cette égalité complète et introduite par surprise. Il se précipita donc à la recherche des distinctions honorifiques. Tous ces hommes égaux en *droit* furent possédés de la passion de sembler quelque chose de plus les uns que les autres. Ils s'éprirent follement des titres de chevalerie à défaut des titres de noblesse, des titres académiques et de tous les titres attachés aux innombrables fonctions publiques, enfin des honneurs politiques et scientifiques. On n'a pas dit sans apparence de raison que tout bon français dont l'ambition n'est pas immodérée, aspire à porter le titre de monsieur le président et le petit ruban rouge de la légion d'honneur à sa boutonnière. En revanche, la nouvelle égalité de *droit* a produit une intolérance extrême quant à l'inégalité de *fait*, de sorte qu'en France on porte envie à ceux qui par les honneurs, l'influence ou les richesses s'élèvent au dessus du niveau commun. Or, il s'en faut que la révolution, qui renversa l'ancien régime, ait supprimé ou fortement adouci en France l'inégalité de fait. Des trois déesses de la trinité révolutionnaire, la *liberté*, c-à-d. la destruction de l'arbitraire de l'ancien régime, et *l'égalité*, c-à-d. l'égalité de *droit*, ont été complètement installées. Il n'en est pas de même de la dernière venue, appelée *fraternité* [1]), et qui n'est autre chose que l'égalité de *fait*. Pendant la révolution la fraternité était une idée

---

[1]) La *fraternité* ne se trouve pas même encore dans les constitutions de 1793 et de 1795 où elle est remplacée par la sûreté et la propriété. La constitution de 1848 l'a accueillie et a sanctifié la trinité révolutionnaire dans son art. IV: „La république française a pour principe la liberté, l'égalité et la fraternité."

un peu vague, celle de l'abolition de toute distinction fondée sur les traditions de famille, sur la culture intellectuelle et esthétique, sur la diversité des fonctions sociales, sur la différence des fortunes et même sur la supériorité individuelle. La fraternité était en d'autres termes une parité forcée des hommes dans leurs rapports privés non moins que dans leurs rapports publics, une parité qui se confondait avec le sans-culottisme, et que le titre obligatoire de „citoyen" devait rappeler constamment à ceux qui seraient tentés de l'oublier. Depuis, on a pris la fraternité au sérieux. On ne se contente plus d'une vaine apparence, ni du titre de citoyen. Les théoriciens socialistes se proposent d'établir une organisation imposant à tous les hommes l'égalité économique et des fonctions sociales identiques, celles de l'ouvrier, sous la direction d'un comité d'ouvriers qui ne laissera plus aucune place à la liberté privée, mais qui réalisera complètement l'égalité de fait.

Ainsi le renversement révolutionnaire de l'ancien régime a empêché la France d'acquérir tant une liberté plénière et assurée qu'une saine égalité, et ne lui a procuré qu'une liberté précaire et une égalité de droit envieuse de toute inégalité de fait et aspirant logiquement à la fraternité du socialisme.

Cependant la révolution (dans ce dernier sens) n'a pas été seulement une bienfaitrice malencontreuse. En outre, elle a légué à la France quatre grands fléaux: 1°. l'instabilité politique, 2º. la lutte acharnée des partis politiques, 3º. l'extension et la centralisation exagérées des fonctions gouvernementales, et 4º. la domination du principe démocratique.

1º. D'abord, quant à l'instabilité politique, la destruction rapide d'une royauté et d'une organisation politique séculaires, accompagnée et suivie d'une usurpation continue, arracha des esprits le respect de l'autorité sociale, la conviction que l'individu est nécessairement subordonné à cette autorité. En même temps elle enleva aux gouvernements ultérieurs la base de la tradition et de la continuité historique. Il s'ensuivit qu'aucun gouvernement postérieur à la période révolutionnaire, soit rétabli par l'étranger, soit usurpateur, soit élu ou acclamé, ne jouit du prestige d'une existence historique et indépendante du bon plaisir ou de l'autorité des gouvernés, du prestige d'avoir été établi par un pouvoir supérieur à la volonté de la génération contemporaine. Ainsi, dès qu'on n'était pas satisfait du gouvernement existant, on trouvait tout simple de le renverser, de lui substituer un gouvernement provisoire, de constituer un nouvel ordre politique, de répéter en un mot les anciens procédés révolutionnaires, ou encore de revenir sur ses pas et de substituer la dictature au régime prétendûment libre qu'on s'était donné. Après les vicissitudes de la période révolutionnaire, le directoire fut suivi du césarisme militaire et conquérant sous les formes du consulat et de l'empire, puis de la royauté

limitée, du césarisme rétabli avec quelque modération,
de la royauté limitée rétablie, de la royauté parlementaire,
de la république d'abord révolutionnaire, ensuite modérée,
du césarisme comparativement pacifique, de la dictature
informe et militaire, de la république parlementaire, d'abord
conservatrice, ensuite de plus en plus radicale, jusqu'au
léger revirement introduit par le discours de M. Challemel
Lacour et par la chute de M. Floquet.

2°. Les événements révolutionnaires et les réactions
qui les suivirent, amenèrent la scission de la nation en
partis politiques, divisés par de profondes différences de
sympathies, d'opinions et d'intérêts, et se portant mu-
tuellement une aversion sincère, sinon une haine violente.
Cette scission fut un double malheur dans un pays où,
après la soumission sanglante du sud par le nord, après
la ligue et la fronde et après la défaite des huguenots
suivie de leur presque annihilation, les causes de scission
avaient presque cessé, dans un pays où la diversité des
races, des langues et des religions, ainsi que le particu-
larisme local, avaient été réduits à un minimum. — Le
drame de la révolution donna immédiatement l'existence
à deux partis irréconciliables : à celui des partisans de
l'ancien régime ou plutôt d'une monarchie plus ou moins
limitée et de la restauration de l'église, et à celui
des adversaires de l'ancienne royauté, amis de la démocratie et hostiles à l'église. La gloire et la puissante organisation de l'empire qui dompta l'esprit révolutionnaire,

firent naître ensuite un parti „césariste", qui se renouvela quand il fallut réagir contre le mouvement révolutionnaire de 1848. Enfin la perscution de la branche aînée de la maison royale, de la noblesse et de l'église, et le fait que la bourgeoisie s'enrichit avidement des dépouilles des nobles et du clergé, causèrent la scission des royalistes en *orléanistes* bourgeois et partisans d'une monarchie parlementaire qui assurait leur suprématie, sous la dynastie des Orléans qui leur était dévouée, et en *légitimistes* aristocratiques, catholiques et monarchistes, c-à-d. partisans d'une monarchie modérée ou limitée et non d'une monarchie parlementaire. Aujourd'hui que le parti légitimiste et le parti bonapartiste manquent de chefs, et que le parti orléaniste a perdu beaucoup d'adhérents et une grande partie de son ancienne vigueur, les quatre anciens partis tendent de plus en plus à être remplacés par deux grands partis politiques et religieux qui se portent une haine atroce : le parti républicain, révolutionnaire et antireligieux et le parti antirépublicain, antirévolutionnaire et catholique. Il est vrai que l'opposition entre l'esprit démocratique et irréligieux d'un côté et l'esprit chrétien et autoritaire de l'autre se manifeste plus ou moins dans toute l'Europe; mais elle porte en France un caractère extrême qui est dû au drame sinistre de la révolution. La France est actuellement divisée en deux camps hostiles. Il y a *France* et *France*.

3°. Les gouvernements révolutionnaires qui succédèrent à l'anarchie, au lieu de procéder à la décentralisation et à la „dégouvernementation" que les états-généraux appelaient de tous leurs voeux, ont renchéri sur le système administratif de l'ancien régime. Ils ont étendu énormément les attributions du pouvoir social et notamment celles du pouvoir central. Ils ont ainsi fondé en France la *polycratie* de l'état aux dépens de la liberté privée et de l'autonomie locale. En effet, plus le gouvernement central se mêle de tout et régit tout, plus la liberté de mouvement et d'action est circonscrite, non moins que le selfgovernment des provinces, des villes et des communes.

4°. La démocratie est le pire des quatre fléaux que la révolution légua à la France. Pour s'en convaincre, il faut bien distinguer le vrai sens *politique* et les sens vulgaires des termes „démocratie" et „démocratique." Le sens vulgaire le plus répandu du mot démocratie, qui signifie littéralement „domination du peuple", est celui d'une société égalitaire ou dénuée d'éléments aristocratiques ou privilégiés en droit ou en fait; ce qui ne l'empêche pas d'être gouvernée par un monarque absolu. Le deuxième sens vulgaire — par lequel on tâche de rendre la démocratie aimable — est celui d'un gouvernement dans l'intérêt du grand nombre, des classes inférieures et pauvres non moins que des classes supérieures, riches, cultivées, aristocratiques : ce qui est toujours bon. Le troisième sens vulgaire est celui d'un gouvernement par ou sous l'influence égale de tous : ce qui est bon seulement dans la mesure de l'aptitude intellectuelle et morale des masses à prendre part au gouvernement ou à exercer sur le gouvernement une influence salutaire pour autrui et pour soi. Le premier des trois sens vulgaires est contraire à l'étymologie; le troisième ne s'en éloigne pas; mais il n'indique pas plus que les deux premiers un principe politique. Le *vrai* sens *politique* de la démocratie est celui d'une doctrine qui réagit contre l'ancien régime et en général contre l'idée d'un droit de domination d'un seul homme ou de plusieurs, contre la monarchie, l'oligarchie, l'aristocratie, exercées en vertu du droit d'une famille ou d'une classe. Or le principe démocratique est celui-ci : que le droit de *dominer* les hommes (cratie) appartient, non à un seul ou à quelques uns, mais à tous les membres majeurs (et mâles) d'une nation, àu peuple entier (demos); et que la *volonté*, c-à-d. le bon plaisir, de chaque membre a le même droit de se faire valoir dans la société politique que la volonté de tout autre membre. Il s'ensuit que tous ensemble ont le droit de faire dominer leur volonté collective sur chacun en particulier. Mais, comme il n'arrive guère que tous à peu près soient d'accord contre quelques individus isolés (ce qui a lieu par rapport aux assassins et aux voleurs), il faut bien que la volonté collective de tous soit remplacée par celle de la majorité. Or, dans le conflit des volontés collectives, la majorité prime toujours nécessairement la minorité, et la majorité absolue les minorités réunies. La volonté de la majorité, même celle de la moitié plus un, a toujours le droit de dominer indifféremment sur tous les membres de la minorité et sur ceux de la majorité. Cependant, comme une grande nation est dans l'impossibilité de réaliser et même de formuler suffisamment sa volonté collective ou celle de sa majorité, elle confie cette tâche à ses représentants, élus par le suffrage universel et réunis dans un parlement qui représente et remplace le peuple souverain. Ces 'représentants sont les mandataires toujours révocables de leurs électeurs, dont ils sont tenus de remplir le mandat impératif; et tous les fonctionnaires publics, grands ou petits, isolés ou réunis en conseil, sont les mandataires toujours révocables desdits représentants du peuple, auxquels ils sont tenus d'obéir.

Ce système démocratique, auquel on ne peut reprocher un défaut de logique, n'en est pas moins absurde et immoral. Les éléments constitutifs en sont, à l'exclusion du devoir: 1°. le droit universel de domination, 2°. la volonté ou le bon plaisir de chacun formant la loi unique de sa domination, 3°. le droit absolu de la majorité et la nullité du droit des minorités, 4°. les gouvernements serviteurs des gouvernés.

Evidemment le système de la démocratie ne contient rien qui mérite d'être conservé. Il faut le rejeter tout entier avec le *droit* de *domination* qui est à sa base. Il est funeste surtout dans un grand pays comme la France, où, malgré la haute civilisation des classes supérieures, la condition économique, intellectuelle et morale des masses est encore peu avancée, où l'aptitude à s'occuper des affaires publiques et l'intérêt non égoïste que ces affaires inspirent, sont comparativement rares, et où les partis politiques déchirent la nation. Il faut être frappé d'aveuglement pour ne pas voir que dans un pays où la très grande majorité de la population des villes et des campagnes est ignorante, grossière et stupidement égoïste, la domination exercée par ou sous l'influence de cette majorité, est nécessairement malfaisante, et que le suffrage universel ne peut y être qu'insensé; et ce, indépendamment du système politique de la démocratie.

Le système politique qui, sans retourner à *l'ancien régime*, doit remplacer la démocratie, est bien simple. Il ne doit être question, ni de *droit*, ni de *domination de l'homme sur l'homme*, ni de *volonté* générale ou nationale, ni de représentants et mandataires du peuple souverain. Voici, au contraire, les traits principaux du *nouveau* système qui est la négation de la démocratie. Les gouvernants — rois héréditaires, chefs élus de l'état, membres d'un parlement ou d'un conseil d'état, fonctionnaires de tout genre — sont les représentants et les serviteurs de la *société impersonnelle*, soumise à la *loi morale* et à celle du *bien commun*. Toutes leurs fonctions sont l'accomplissement d'un *devoir* public. Leur nomination ou leur élection est une fonction de la même nature, c-à-d. l'accomplissement d'un devoir, et non l'exercice d'un droit. Le *mode* de nomination ou d'élection et le choix des personnes (fonctionnaires, corps publics ou personnes privées spécialement appelées) chargées de cette fonction publique sont organisés de manière à produire les meilleurs choix. Dans cette organisation le bien public seul vient en considération, non les prétentions des électeurs. Il ne peut donc être question, ni du suffrage universel, ni d'un suffrage limité mais direct et irresponsable, pour l'élection, soit des membres d'un parlement ou du gouvernement central, soit d'un chef de l'état. De cette façon les gouvernants dans leur qualité sont supérieurs aux gouvernés, et les gouvernés obéissent aux gouvernants. La majorité ne se croit pas autorisée à opprimer les minorités ; plus les opinions et les voeux diffèrent, plus le pouvoir social s'abstient ou s'efforce de trouver des transactions. Enfin, le despotisme politique, dont un organe souverain du pouvoir, tel que le parlement démocratique, contient le danger formidable, est empêché par la division du pouvoir et de ses fonctions diverses et par le contrôle réciproque de ses organes.

Tout cela est fort simple. Mais la démocratie — prêchée et mise en oeuvre par la révolution — a fait une si profonde impression sur l'imagination politique des hommes, et surtout des français, que la plupart semble n'apercevoir plus rien en dehors du système démocratique et de l'ancien régime qu'il a renversé.

Il est vrai que tous ces fléaux ne sont pas le monopole de la France. Quant à la démocratie et à la polycratie de l'état, on les trouve un peu partout en Europe.

Mais c'est grâce à la révolution que la France en a eu la primeur et l'abondance précoce, qu'elle en a reçu une dose excessive dont elle est restée pénétrée et saturée, et qu'elle en a subi, bien plus que ses voisins, les tristes conséquences. L'instabilité politique, accompagnée de la lutte acharnée des partis issus de la révolution, est au contraire (toute réserve faite pour l'Espagne et ses colonies) une prérogative de la France.

Le principe tyrannique de l'uniformité nationale, réagissant contre la diversité de l'ancien régime, a pris naissance pendant la période révolutionnaire. L'esprit jacobin ne se contenta pas du nivellement des conditions sociales, ni de l'introduction du droit commun, ni de la suppression de toutes les anciennes divisions historiques du territoire. Il lui sembla que la nation devait être composée d'individus homogènes, de citoyens français semblables les uns aux autres, ayant des institutions et des moeurs identiques, et parlant la même langue, celle du Nord et de Paris, devenue exclusivement la langue civilisée, littéraire et dominante du pays. Cet unitarisme s'est perpétué sous l'influence du patriotisme chauviniste qui craint que la pluralité des idiomes populaires ne nuise à „l'unité morale et matérielle de la patrie". Ainsi un auteur contemporain des plus clairvoyants s'indigne du fait que tant de bretons, de provençaux, de languedociens, etc., parlent encore les idiomes de leurs pères, et que l'on n'a pas encore exterminé ces patois au moyen de l'école primaire. Il oublie que l'extinction naturelle des idiomes populaires ne s'opére que très lentement, et que les enfants du peuple breton ou provençal apprennent le français à l'école comme une langue étrangère, non moins qu'en Belgique les flamands. Il faudrait employer des moyens violents pour remplacer les patois par le français. On ferait bien, à cet effet, d'emprunter aux russes leurs procédés de russification. Seulement, c'est une tyrannie insupportable que de sacrifier la diversité naturelle et vivante des populations réunies en un seul état ou dans une seule confédération, à la sacro-sainte unité nationale. L'uniformité française est un principe jacobin et partant révolutionnaire.

Il est difficile de bien apprécier l'action dissolvante que la révolution — par la rupture soudaine avec le passé, par l'affaiblissement de l'autorité religieuse et de l'autorité sociale, et en général par le trouble porté dans les esprits — a exercé sur les moeurs et les idées morales. Il est certain néanmoins que cette action dissolvante n'a pas été nulle ni insignifiante. Mais lors même qu'on ne voudrait lui attribuer que peu d'importance, on ne pourra nier qu'un vice singulier des français, leur vanité *nationale*, n'ait été produit par l'impression laissée par le drame de la révolution, par le drame de l'empire qui fut comme le second acte de toute la pièce, et par les fausses légendes de la révolution et de l'empire. Cette vanité nationale, qui est un phénomène jusqu'à présent unique dans l'histoire, et ui rend le peuple français risible aux yeux du monde entier, n'existait pas avant la révolution. Les français ont toujours été un peuple trop sensé, trop spirituel et trop moqueur pour se plonger, sans s'en apercevoir, dans un ridicule pareil. Malgré la gloire du siècle de Louis XIV et malgré l'ascendant de la civilisation française au dix-huitième siècle, ils se sont renfermés avant la révolution dans une réserve convenable quant aux mérites de leur nation. Les souvenirs de la révolution et de l'empire ont égaré les générations qui sont venues après, et ont dérangé l'équilibre de l'esprit français. On s'est figuré: que le peuple français est un peuple élu, la France un pays béni, l'empire du milieu et la patrie universelle des peuples de la terre [1]), Paris une ville sainte et inviolable et la capitale du monde civilisé; que la nation française est la grande nation, la reine des nations ou la nation centrale du monde moderne; que la révolution

---

[1]) C'est ainsi que, tout récemment, M. Carnot a cru devoir rappeler aux 13000 maires attablés avec lui au palais d'industrie cette exclamation poétique et chauviniste:

Tout homme a deux pays, le sien et puis la France.

Le mot est très hospitalier. Mais quelle énorme vanité nationale a-t-il fallu pour que le poète ait pu l'écrire et pour que M. Carnot ait pu le répéter à la face du monde entier, urbi et orbi. Il est vrai qu'on a eu la discrétion de ne pas dire: „Tout homme a deux pays; la France, et puis ... le sien.”

française est l'événement central de l'histoire européenne;
que la royauté en fondant l'unité territoriale et nationale, et l'ancien régime par la grandeur même de ses vices
et de ses abus, n'ont dû servir qu'à préparer les voies
de la révolution; que le peuple français a inventé l'égalité et l'a introduite chez lui avec la liberté et la république, qu'il avait retrouvées; que la société moderne est
son oeuvre et celle de sa glorieuse révolution, et que les
autres nations civilisées ne doivent leur liberté et leurs
institutions modernes qu'à sa propagande et à ses armes;
que le peuple français est, non seulement par rapport au
progrès social, mais dans l'industrie et la science, la littérature et l'art, le peuple initiateur par excellence; qu'il
est éternellement jeune et indéfiniment élastique; que les
français sont sympathiques aux autres hommes, à l'exception seulement de quelques nations froides et égoïstes,
comme les anglais; que les autres peuples envient au peuple
francais son esprit, son génie, sa gloire, sa grandeur;
que seule parmi les nations la nation française est assez
désintéressée, généreuse et magnanime pour se battre
dans l'intérêt des autres ou pour une idée; que par sa
propagande révolutionnaire, pacifique ou armée, la France
est en effet la bienfaitrice des autres nations, dont elle
mérite la gratitude; que la France se distingue aussi dans
l'Europe moderne par son génie militaire, qui lui a valu
tant de victoires, de conquêtes et d'annexions sous Louis
XIV, pendant la révolution et sous les deux Napoléons;

que sans certaines fautes commises, il y a longtemps que
par l'effet de ce génie elle occuperait la place qui lui
revient en Europe et dans le monde; qu'alors elle aurait
annexé ses voisins et serait devenue l'arbitre des autres
nations de l'Europe, ses alliés plus ou moins feudataires;
et que placée à la tête de l'Europe elle serait déjà la
première puissance de la terre; enfin que pourvu qu'elle
inspirât de nouveau par ses armes une terreur salutaire
aux autres nations, leur *respect* et, par suite, leur *sym-
pathie* — affaiblis aujourd'hui par les désastres de 1870/71 —
lui reviendraient incontinent.

La vanité nationale obsède constamment les français et
peut devenir pour eux un vrai tourment. Comme un homme
vaniteux est toujours occupé de sa personne et de l'effet
qu'elle produit sur autrui, ainsi les français sont toujours
occupés de l'effet que leur nation produit dans le monde par
ses productions industrielles, littéraires et artistiques, par
la puissance de ses idées, par l'ascendant de ses opinions
et de ses modes, par ses victoires et ses conquêtes, par
sa puissance qui lui permet d'imposer sa volonté aux
autres nations. Les français s'indignent dès que l'action de
la France à l'étranger est arrêtée ou gênée par quelque
autre puissance, comme par l'Angleterre, les Etats-Unis,
l'Italie. Ils exigent que la France, pour s'affirmer, fasse le
diable à quatre dans les cinq parties du monde, ou du
moins qu'elle en ait toujours le pouvoir, et que s'en abstenir
ne soit qu'un effet de sa modération et de sa générosité.

On appelle *chauvinisme* cette maladie française. Le chauvin, issu de la révolution et de l'empire, a deux poids, deux mesures, deux morales, l'une pour la France, l'autre pour les autres pays. Il permet à la France, dès qu'il s'agit des „intérêts légitimes" de sa patrie, tout ce qu'il interdit aux autres pays par rapport au sien. „La France a le droit de s'incorporer tous les pays limitrophes conquis et de les „franciser"; et ce d'autant plus, que la réunion à la France est pour ces pays un grand honneur et un grand bienfait, et qu'il est impossible d'être longtemps réuni à la France sans l'aimer, et d'être français sans être fier de l'être. Les populations de toutes les contrées annexées se sont toujours félicitées d'être devenues françaises, et celles qui ensuite ont été violemment séparées de la France, se sont toujours plaintes de cette séparation, par exemple la Belgibue, la Hollande, la Prusse rhénane. Si la France avait été victorieuse dans la guerre de 1870, que Napoléon III avait déclarée à la Prusse sans ombre de raison et seulement dans un intérêt dynastique, il lui eût été loisible de s'annexer l'Allemagne jusqu'au Rhin avec la Belgique et le Luxembourg, tant pour se remettre en possession des pays limitrophes que l'Europe lui avaient enlevées, que dans l'intérêt de sa défense future contre l'Allemagne; et c'eût été une grande modération de ne pas prendre en même temps toute l'ancienne Prusse occidentale et le grand duché de Bade. Mais détacher de la France l'Alsace et la Lorraine, soit pour se remettre en possession d'anciens pays allemands autrefois conquis par la France, soit par mesure de défense contre la France, impatiente de faire à l'Allemagne une guerre de revanche: c'était tout simplement un crime. La France, lors de la guerre de 1870, avait le droit d'occuper Berlin et toutes les autres résidences de l'Allemagne et d'y rester à son aise; mais l'Allemagne n'avait pas le droit de prendre et d'occuper la ville sacro-sainte de Paris. La France a eu parfaitement le droit de conquérir et d'occuper la Tunisie, avec l'intention de se l'annexer plus tard, et ce malgré l'Italie ou l'Angleterre; mais l'Angleterre n'avait aucunement le droit de conquérir et d'occuper l'Egypte malgré la France."

De „toutes les gloires de la France" la gloire militaire est celle à laquelle la vanité nationale attache le plus de prix. C'est pourquoi la guerre de 1870 qui a détruit, bien plus que la fin tragique du premier empire, le prestige militaire de la France, lui est insupportable. Plutôt que de reconnaître les causes purement militaires des désastres de 1870, causes analogues à celles qui procurèrent à la France sa prépondérance militaire sous la révolution et l'empire, mais qui impliquaient la supériorité militaire à cette époque de la Prusse et de l'Allemagne, elle a donné toute la faute au régime „démoralisateur" du second empire et à l'empereur Napoléon III, qui cependant avait énormément relevé le prestige militaire de la France par les guerres d'Orient, d'Italie, de Chine, et qui avait su lui procurer la situation de première grande puissance en Europe, et partant au monde entier. Et non content d'accabler l'empire et Napoléon III, elle aima mieux accuser de trahison ses généraux qui avaient perdu des batailles ou rendu des forteresses, que de reconnaître que malgré toute leur valeur et tous leurs efforts, ils furent battus et contraints de cesser une résistance inutile. Mac-Mahon, il est vrai, échappa à la calomnie. Mais pourquoi? Pour, mieux accabler Napoléon III. — En revanche, ce qui rend Napoléon I cher aux français, malgré son despotisme et malgré tout le sang français versé à son intention, c'est la gloire de ses victoires, de ses campagnes et de ses conquêtes. La revue des deux mondes, qui est un organe accrédité de la pensée française, disait, il n'y a pas longtemps, que M. Henri Taine n'avait pas fait justice au mérite de Napoléon I par rapport à ses grandes victoires, victoires tellement grandes qu'elles consolent le peuple français non seulement de ses propres défaites finales, mais des grandes défaites que la France essuya en 1870/71. Il faut bien que la maladie mentale appelée chauvinisme, soit arrivée à l'état aigu pour qu'elle porte un auteur sérieux à dire des sottises pareilles, et une revue qui se respecte, à les publier.

La vanité nationale est un fardeau très lourd à porter. Pouvoir le déposer serait une délivrance. Le peuple français est dans la situation d'un homme célèbre, ou se croyant tel, et toujours occupé du soin de justifier et d'affirmer sa célébrité. Combien il serait heureux de pouvoir redevenir, ce qu'il était avant 1789, un peuple comme les autres, dispensé du devoir de se faire admirer et d'être la grande nation; du devoir surtout d'être la première puissance militaire, à présent que d'autres nations, soit isolément, soit intimement alliées, ont sur lui l'avantage de la supériorité numérique. Si la France pouvait se décider à renoncer à ses prétentions militaires, à ses colonies lointaines qui ne lui rapportent rien et n'ont pour elle qu'un prix de vanité, et à toute guerre de revanche exigée en premier lieu par sa vanité blessée, elle se trouverait dans une condition singulièrement favorable quant à la nécessité d'avoir des armées et des flottes. L'Angleterre en a besoin contre la France et la Russie à cause de son empire colonial, de son commerce et des besoins de son industrie, l'Allemagne en a besoin contre la France et la Russie, l'Autriche contre la Russie, l'Italie contre la France; mais la France n'en a besoin contre personne. Depuis quatre siècles, dans toutes ses guerres, celles des puissances coalisées contre la France révolutionnaire exceptées, c'est elle qui a été l'agresseur. Pourvu qu'elle laisse les autres tranquilles, personne ne l'attaquera, ni ne lui contestera son territoire actuel avec l'Algérie et la Tunisie: ni l'Angleterre, ni l'Allemagne, ni même l'Italie [1]). Si les français préten-

---

[1]) Dans son excellent ouvrage „La France du centenaire" M. Goumy accuse l'Italie de ne s'être armée et alliée à l'Alle-

dent que la France èst pacifique et ne s'arme par terre et par mer depuis 1871 que pour se défendre contre ses

---

magne que pour „démembrer" la France, en lui prenant quelques provinces, notamment la Savoie, Nice et la Corse, et afin de „faire ses preuves comme grande puissance". Il est évident, cependant, que l'Italie ne s'est armée comme elle l'a fait, et ne s'est intimement alliée à l'Allemagne, que par mesure de défense contre la France. Celle-ci, en effet, ne demande pas mieux que de défaire l'unité Italienne qu'elle a eu la faute (pire qu'un crime) de laisser s'établir, et de lui prendre quelques provinces autrefois conquises et possédées par la république et l'empire, pour le moins la Ligurie et le Piémont; et ce, tant pour détruire une grande puissance voisine que pour prendre sa revanche ailleurs qu'en Allemagne, cette puissance se trouvant trop forte pour être écrasée. L'idée que l'Italie chercherait une occasion de „faire ses preuves", c-à-d. de démontrer sa puissance militaire par une grande guerre, désastreuse malgré le meilleur succès, est une application curieuse à une autre nation de la vanité nationale, militaire et chauviniste que la France a malheureusement héritée de la révolution et de.l'empire. L'Italie ne peut songer d'ailleurs à attaquer isolément la France. Si cependant, pour obtenir l'appui de l'Allemagne contre une attaque française, elle a dû s'engager à soutenir l'Allemagne attaquée par la France et la Russie, et si, au cas que la France fût vaincue, l'Italie lui reprenait Nice et se mettait à sa place en Tunisie: cela n'aurait rien de commun avec une alliance conclue *dans l'intention* d'attaquer et de dépouiller la France conjointement avec l'Allemagne. Remarquons au surplus: 1°. que la Savoie, détachée de la France, entrerait naturellement ennemis, ils sont tout aussi sincères que les russes répétant leur éternel mensonge „qu'ils ne songent pas à s'avancer au delà de leurs frontières actuelles''; tandis qu'en réalité, ils désirent les franchir toutes à la fois sur toute la ligne, excepté vers les glaces du nord et du nordest, et qu'ils les franchiront malgré les traités, dès que l'occasion sera bonne.

C'est une bonne fortune pour la France que sa population reste presque stationnaire et ne produit pas de surpopulation menaçante, comme celle de l'Angleterre et de la Belgique. Néanmoins il s'est trouvé des auteurs français qui ont déploré le fait, quoiqu'ils en reconnussent l'effet

---

dans la confédération Suisse, où elle établirait l'équilibre entre la Suisse allemande et la Suisse française, et où elle jouirait d'une indépendance cantonale bien préférable pour elle à l'absorption dans la France unitaire et au régime détestable des préfets et des sous-préfets; et que 2°. la Corse émancipée ne serait pas incorporée dans l'Italie, mais formerait un petit état indépendant, que son intérêt porterait bientôt à s'allier intimement à l'Italie habitée par ses plus proches parents. — L'accusation lancée par M. Goumy contre l'Italie est au fond un bel échantillon du chauvinisme qui a deux poids et deux mesures, l'une pour soi, l'autre pour l'étranger. On soutient que l'Italie n'a pas le droit de se mettre en état de défense contre la France, tout en prescrivant à celle-ci, comme un devoir sacré, de s'épuiser en armements pour se défendre contre de prétendus ennemis qui seront trop contents de ne pas être attaqués par elle.

salutaire pour les enfants du pays. „Il est triste, disait-on, que le nombre des anglais, des allemands, des américains, s'accroisse sans relâche, et qu'il y ait comparativement si peu de français, même mieux logés, vêtus et nourris et plus cultivés que les fils plus nombreux des teutons. La *nation* ne doit pas être ainsi sacrifiée au bien-être des individus. La grandeur et la puissance de la *France* doivent l'emporter sur toute autre considération. En somme, s'il faut choisir, il faut *préférer* la *France* aux *français.*" C'est encore la revue des deux mondes qui a consenti à faire imprimer ces bêtises.

On dit que la révolution, avec ses violences et ses allures grossières, avec ses boucheries, ses guerres civiles et sa terreur, a fait du tort au caractère national. Les français eux-mêmes affirment que la révolution a détruit l'ancienne urbanité et l'ancienne bonhomie françaises. On dit aussi que la révolution a introduit la cruauté dans le caractère national. Il est certain que la révolution n'a pu excercer qu'une influence funeste sous ce rapport. Elle a préparé la voie aux insurrections sanguinaires et aux combats des rues entre le peuple et l'armée, tant de fois répétés depuis. Elle a inspiré la rage finale des communards et la vengeance féroce des versaillais. Ce n'est pas la S. Barthélemy (1572), ni la grande boucherie du château d'Amboise (1560), mais le spectacle de la révolution suivie de l'empire et de l'histoire postérieure de la France, qui a produit la conviction actuelle du bourgeois anglais —

autrefois persuadé que les français se nourrissaient principalement de grenouilles — que „les français sont alternativement des *tigres* et des esclaves".

On exagère fortement en disant que la révolution a *détruit une civilisation*. L'invasion des barbares a détruit de fond en comble la civilisation antique; le bouleversement de la France par la révolution n'a pu produire le même effet. Néanmoins cette révolution — en brisant l'aristocratie nombreuse et hautement civilisée de la France, en la dépouillant de ses biens, en la rejetant hors de la société et du pays, en lui enlevant toute influence politique, sociale et esthétique et toute participation intelligente et désintéressée au gouvernement central et local, en faisant monter à la surface les éléments les moins respectables de la bourgeoisie s'appuyant sur les basses classes, et en faisant dominer le sans-culottisme — cette révolution a certainement fait reculer la civilisation très avancée de la France du 18e siècle, où au moins elle l'a arrêtée et en a retardé la progrès.

M. E. Renan a fait, il y a plusieurs mois, dans l'académie française, un discours de réception où il a dit des choses remarquables sur la révolution française. Elle a été, à ses yeux, un délire sacré, qui ne devait pas se prolonger, qui ne doit pas se répéter, et qu'on n'aurait pas dû célébrer, comme on le fait en ce moment. Les grands hommes de la révolution n'étaient, à son gré, que

des pygmées, qui n'ont fait de grandes choses que lorsqu'ils étaient possédés par le délire révolutionnaire. „Nous
ne pouvons encore, dit-il, dresser le bilan de cette grande
révolution, mais dans *dix ou vingt* ans nous saurons si
elle a·, oui ou non, fondé quelque chose et préparé l'avenir. *Oui*, si alors la France est prospère, libre, fidèle à
la légalité; *non* si alors elle est toujours à l'état de crise
et le jouet des partis et des meneurs." — Tout cela est
un peu nuageux. Mais on y démêle cette grande erreur:
que la révolution n'a pas encore produit ou au moins
manifesté son effet définitif; que cependant, dans dix ou
vingt ans, c-à-d. un siècle environ après la *fin* de la
période révolutionnaire, tous ses fruits seront connus; et
qu'alors nous saurons si en définitive l'effet de la révolution sur le monde, et spécialement sur la France, a été
salutaire ou nuisible. Le terme de cent ans à partir, non
du commencement, mais de la fin de la révolution, fixé
arbitrairement par M. Renan, est d'autant plus curieux
que nous en approchons, et qu'on ne voit pas ce qui
pourrait amener en peu d'années un état de choses si
différent de ce qui existe, un dénouement si longtemps
différé. Mais, cette curiosité à part, comment est-il possible
de croire que le voile de l'avenir recouvre encore pour
nous les influences bonnes et mauvaises du renversement
de l'ancien régime et du bout d'histoire qu'on appelle la
révolution? Nous connaissons bien ces influences. L'ancien
régime a été solidement détruit, et la restauration a fait

de vains efforts pour en faire revivre quelques parcelles. La démocratie et le parlementarisme ont été pleinement réalisés et ont produit tous leurs effets détestables. L'égalité de droit a été complètement établie; l'égalité de fait ne l'a été aucunement. La liberté, dont M. Renan attend l'avènement dans dix ou vingt ans, a été mal fondée, grâce à la révolution. La polycratie de l'état, au contraire, a été fermement établie. L'instabilité politique et la lutte acharnée des partis sont un legs de la révolution. C'est grâce à l'influence de la révolution que la France est périodiquement „à l'état de crise", et qu'elle est sans cesse „le jouet des partis et des meneurs". Comment veut-on que ces fléaux soient remplacés dans dix ou vingt ans par la „fidélité à la légalité", cette fidélité devant être, non un fàit nouveau, mais un fruit (métamorphosé) de la révolution. Il faut comparer la révolution (le renversement de l'ancien régime et le bout d'histoire) à un volcan éteint. Il ne peut être question du couronnement prochain de la révolution. Au contraire l'effet de la révolution s'affaiblit et se dissipera de plus en plus. On commence à douter des bienfaits de la démocratie, et le parlementarisme est tombé dans une disgrâce réjouissante. Les anciens partis issus de la révolution s'en vont et seront remplacés par de nouvelles divisions politiques et sociales. Malgré le fanatisme des républicains révolutionnaires, la révolution perd de plus en plus de son actualité et ne conservera qu'une importance historique. Les traditions révolutionnaires s'affaiblissent, et le jour viendra où la fausse légende révolutionnaire sera généralement considérée comme légendaire. La révolution alors ne sera qu'un sujet d'étude historique, et on se moquera de ceux qui resteront fidèles à l'ancien culte de la révolution, comme on s'est moqué des don quichottes de la chevalerie et des chauvins du premier empire. Nous nous trouvons déjà à une grande distance *historique* de l'âge de la révolution. De nouveaux courants, de nouvelles idées surviennent. Le socialisme, que la révolution ne connaissait pas, se sert de la démocratie comme d'un instrument qu'il rejettera quand il sera le maître. La question économique (dite: question sociale), la science et son application, et la société qui marche indépendamment du gouvernement, prennent toujours plus de place dans le monde. De nouveaux mouvements religieux et moraux se manifestent en France comme ailleurs. Le centenaire écoulé, on songera de moins en moins à la „grande révolution". L'alternative posée par M. Renan — une France souffrante comme celle d'aujourd'hui ou une France glorieuse — sera résolue, non par l'effet posthume de la révolution, mais par les mérites ou les démérites de la génération actuelle et des générations qui lui succéderont.

En somme : *la révolution est pour la France un fait d'excuse et non un titre de gloire.*

THÈSE III.

La morale révolutionnaire et la morale chrétienne sont des morales antipodiques.

On a prétendu que le principe de la révolution a été en dernière analyse celui de la révolte contre Dieu. C'est de la théorie non justifiée par les faits. Il est vrai seulement que parmi les mouvements qui se sont produits pendant la période révolutionnaire, il y a eu des mouvements hostiles au christianisme et à la religion, mais surtout à l'église catholique; et ce, parmi les adversaires de l'ancien régime. Mais ces adversaires n'ont pas en général nié Dieu ou ne Lui ont pas fait une guerre systématique. Les constitutions de 1791, de 1793 et de 1795 déclarèrent les droits de l'homme et du citoyen, „en présence de l'Etre Suprême". Robespierre, qui était déiste, organisa et présida une fête de l'Etre Suprême au champs de Mars, et fit décréter par la convention la reconnaissance de l'existence de Dieu et de l'immortalité de l'âme. Le culte voué à la déesse de la raison était une spécialité du parti extrême des hébertistes. Il est évident d'ailleurs qu'en renversant l'ancien régime, on en voulait non à Dieu, mais au roi et aux classes privilégiées, et qu'en réclamant la liberté sociale on ne demandait pas à s'émanciper de Dieu. On ne peut, certes, nier la gravité extrême du mouvement anti-religieux et surtout du mouvement anticatholique pendant toute la période révolutionnaire. La philosophie du 18e siècle avait sapé les bases de la foi. Le haut clergé même avait trempé dans le scepticisme et ne revint à la foi que par la réaction opérée par la persécution de l'église. La religion chrétienne fut considérée par les adversaires de l'ancien régime comme la doctrine de l'église, laquelle était censée être, avec le haut clergé, une alliée de ce régime. Le refus du clergé d'accepter la constitution civile et de prêter serment, eut l'effet d'exciter les adversaires contre l'église et la religion. Enfin la rupture de tous les liens sociaux et la démolition de tout ce qui avait été respecté jusqu'alors, leur enlevaient les scrupules que la foi de leurs pères pouvait leur inspirer. Mais l'objet réel de leur attaque était l'ancienne société, non l'ancienne religion. Le mouvement anticatholique et le mouvement antireligieux qui ne se développèrent qu'à l'occasion du mouvement politique et social, n'eurent donc qu'une valeur secondaire dans le drame de la révolution.

D'un autre côté rien n'est plus faux que d'attribuer à la révolution un caractère chrétien. „Le christianisme, disait-on,

a enseigné l'égalité des hommes devant Dieu et dans la
vie future, ainsi que leur fraternité dans l'église et dans
la vie privée; la révolution a proclamé et établi l'égalité
réelle des hommes sur la terre et leur fraternité sociale;
la révolution a donc continué et complété l'oeuvre morale
du christianisme." Il faut répondre à ce raisonnement:
que le christianisme ne s'est occupé que de l'égalité des
âmes et non de l'égalité des conditions sociales; qu'il a
prêché la fraternité indépendamment de l'égalité ou de
l'inégalité de ces conditions; que la révolution a établi
l'égalité des droits mais non l'égalité de fait appelée
fraternité; et qu'il n'y a aucun rapport entre les deux
oeuvres en question.

Par la „morale révolutionnaire" on ne peut entendre
que les principes de morale qui ont présidé à la destruction de l'ancien régime, et ceux qui sont contenus dans
la doctrine de la démocratie. Ces principes sont quant
à la démocratie: le *droit* de *domination* appartenant
également à *tous* les hommes (mâles et majeurs) et pouvant
être exercé suivant la volonté ou le bon plaisir de chacun;
le *droit* de la *majorité* d'*imposer* tyranniquement sa *volonté*
aux minorités dissidentes; enfin le *devoir* absolument *écarté*
de l'exercice de la domination sociale par le peuple souverain. Quant aux principes qui ont régi la destruction
de l'ancien régime, ils renferment la condamnation de
l'oppression et des abus au point de vue des victimes,
et la condamnation des privilèges au point de vue des

non-privilégiés. On enseignait le droit à la liberté et à l'égalité et le droit de s'en emparer par la force, non le devoir de les accorder volontairement à autrui. Les parties théoriques des constitutions révolutionnaires montrent bien la prépondérance de l'idée du *droit* dans ces monuments destructeurs de l'ancien régime et contenant une première expression de la doctrine démocratique. Voyez la „déclaration des *droits* de l'homme et du citoyen" qui précède la constitution de 1791, et son préambule, la même „déclaration de *droits*" qui précède l'acte constitutionnel de 1793, et la „déclaration des *droits* et des *devoirs* de l'homme et du citoyen" précédant la constitution de 1795, avec les „dispositions générales" qui la terminent. Les *devoirs* de 1795 sont des devoirs de la vie privée ou concernant l'obéissance aux lois et les services dus à la société, non des devoirs libres concernant *l'exercice* de la *domination sociale*. La constitution de 1793 (art. 35) ne mentionne qu'un seul devoir, savoir le „devoir *sacré* et *indispensable* du peuple et de chaque portion du peuple, de *s'insurger*, quand le gouvernement viole les droits du peuple". La constitution de 1795 (art. 376) recommande aux citoyens „la sagesse des choix dans les assemblées primaires et électorales" parce que „la durée, la conservation et la prospérité de la *république* en dépendent principalement". Elle ne dit pas aux citoyens: „rappelez-vous que dans vos élections vous remplissez un devoir moral", mais „rappelez-vous qu'il s'agit de défendre contre vos ennemis la république que vous avez conquise sur l'ancien régime".

Il ne faut pas oublier que l'ancien régime n'a pas été détruit révolutionnairement par le roi, la noblesse et le haut clergé. Il y eut, dans la nuit du 4 août, un élan enthousiaste des privilégiés à renoncer à leurs privilèges, et ce fut le beau moment de la révolution; mais ce moment fut englouti par le gouffre révolutionnaire. Les privilèges ont été violemment supprimés par les non-privilégiés, et le roi a été détrôné par ses sujets. Il faut se rappeler de plus, que l'envie bourgeoise et la rage populaire se sont déchaînées non contre un conquérant, un usurpateur ou un tyran, mais contre le roi légitime qui était indéniablement un bon roi; non contre une chevalerie armée qui maltraitait les bons bourgeois et exploitait sans pitié le bonhomme Jacques, mais contre une aristocratie qui n'était nullement méchante mais plutôt douce et bienveillante. Et tout cela à une époque où le despotisme royal était fort mitigé, où le gouvernement était disposé à toutes les réformes, où l'inégalité et les privilèges personnels et territoriaux, quoique vieillis et odieux, étaient fort supportables pour la bourgeoisie, où la condition du peuple et surtout celle des paysans s'était améliorée malgré les impôts et les droits territoriaux, et où le roi, les nobles et le haut clergé se montraient disposés aux plus grands sacrifices. L'ancien régime fut renversé à une époque où l'envie et l'impatience étaient plus grandes parce qu'on souffrait déjà moins, et que la distance qui séparait le commun des hommes de l'aristocratie privilégiée, était en réalité bien moins considérable qu'autrefois.

La morale révolutionnaire est donc une morale égoïste. Elle disait aux siens: „En politique, ne songez qu'à exercer votre *droit* et à faire valoir votre *volonté;* ne souffrez aucune supériorité sociale d'autrui; ne supportez aucun pouvoir qui n'émane de la volonté de la nation dont vous faites partie, ou de sa majorité; insurgez-vous contre toute violation de vos droits." La morale chrétienne, au contraire, sans prétendre qu'il ne soit louable, selon les circonstances, de défendre ou de reprendre à main armée sa liberté, sa propriété, son autonomie, n'a eu garde de prescrire aux hommes la vendication de leurs droits. Mais elle leur enseigna l'humilité et l'abnégation, la patience et le pardon, la charité et le dévouement, le *devoir* moral et le sacrifice; et elle condamna la convoitise et l'envie, le désir de dominer et l'impatience de la supériorité d'autrui. Or ces préceptes de la morale chrétienne sont l'antithèse de la morale révolutionnaire.

On objecte, peut-être, que la morale chrétienne ne s'occupe que de la vie privée, qu'elle garde le silence sur la vie politique comme étrangère à son domaine, et qu'ainsi les deux morales ne se contredisent pas en matière politique. Cette conclusion est mal fondée. A la différence des religions nationales, le christianisme s'est répandu dans des sociétés préexistantes et a vécu dans un milieu social qui lui était étranger : d'abord dans le grand empire romain, ensuite dans le monde germanique qui sortait lentement de la barbarie. C'est ce qui explique que le christianisme — l'évangile et l'église — n'a enseigné qu'une morale privée, et qu'il est resté silencieux à l'égard de la morale politique. Néanmoins, l'esprit de la morale privée qu'il enseigne, produit nécessairement des conséquences pour l'exercice du pouvoir social. Ces conséquences ne sont pas, à l'exemple de la morale antique, la guerre à outrance aux tyrans, ni le dévouement absolu à la patrie ou à la cité, comme à un être supérieur aux citoyens, auquel ceux-ci sont tenus de se sacrifier, et auquel leurs chefs ont le droit de les sacrifier sans scrupule. La conséquence principale est sans doute celle-ci, que tout exercice du pouvoir social doit être considéré comme l'accomplissement d'un devoir moral envers la société ou envers le prochain, et non comme l'exercice d'un droit ou comme un moyen de faire triompher sa volonté. Ce devoir moral incombe nécessairement à tous ceux qui sont appelés à exercer une partie quelconque, même minime, du pouvoir social : au moindre électeur, non moins qu'à tout fonctionnaire ou magistrat et aux rois de la terre. Ainsi en matière politique la morale chrétienne est en effet antipodique à la morale révolutionnaire, laquelle est immorale à son point de vue.

Il ne faut pas se laisser tromper sur le caractère de cette morale par l'enthousiasme qui accompagna chez les

hommes de la révolution la conquête violente et sanguinaire de la liberté et de l'égalité, c-à-d. de leur propre
liberté et de l'égalité à leur profit, ni par l'enthousiasme
que le spectacle ou le souvenir de cette grande lutte
excita à l'étranger et excite encore aujourd'hui au sein
des partis avancés. L'enthousiasme n'est pas la marque
exclusive des bonnes causes. Ce qui passionne les hommes
suffit pour exciter leur enthousiasme: le patriotisme chauviniste, la gloire des victoires et des conquêtes, la vengeance d'un insulte, l'intolérance religieuse ou nationale,
la haine de l'étranger et la haine de la religion.

Les républicains révolutionnaires se figurent toujours
que le renversement de l'ancien régime a été une belle
page de l'histoire, et qu'elle présente un beau spectacle
à l'humanité attentive. Il faut tâcher de leur enlever
cette illusion. L'histoire nous retrace, certainement, de
fort belles luttes des nations vaincues et opprimées contre
leurs vainqueurs et oppresseurs. Par exemple celles des
juifs contre leurs puissants voisins, et surtout contre les
grecs et les romains; celles des cités antiques et modernes
contre leurs tyrans domestiques; celle des français du
temps de Charles VII contre la domination des anglais.
Ce fut alors que le patriotisme religieux de la pure et
touchante héroïne qu'on surnomme la pucelle d'Orléans,
fournit une belle page d'histoire poétique, une page dont
on cherche en vain la pareille dans les annales de la
révolution. Ajoutez tant de guerres courageuses et obstinées

soutenues pour échapper à la cruauté des princes, à l'oppression religieuse, au joug étranger, comme les luttes des Pays-Bas contre Philippe II d'Espagne, des espagnols contre les français, de la Pologne contre la Russie, de l'Europe contre Napoléon I. Mais il faut bien distinguer de ces luttes héroïques le renversement passionné et enragé d'un régime qui tombait déjà sous le poids de sa propre faiblesse, et qui n'offrait aucune résistance aux coups qu'on lui portait. Les excès commis par les paysans du moyen âge révoltés contre l'oppression et l'exploitation des seigneurs, en France au quinzième siècle, lors de la jacquerie, en Allemagne au seizième siècle, du temps de la réformation (1524), sont bien plus excusables que les excès de la révolution. Quant au patriotisme qui se manifesta dans la guerre contre les puissances étrangères et les émigrés, dans la levée en masse et la marseillaise, il ne faut pas oublier que ce patriotisme se confondait avec l'intérêt de ceux qui avaient renversé l'ancien régime, et des classes au profit desquelles ce régime avait été renversé. Les auteurs et les amis de la révolution s'identifiaient avec la patrie; mais le roi, la noblesse, le clergé, la partie de la nation restée fidèle au roi ou devenue hostile à la révolution, les vendéens surtout, n'avaient pas cessé d'être des „enfants de la patrie". La Prusse et l'Autriche et les autres puissances étrangères ne faisaient pas en 1792 la guerre à la France, mais au gouvernement révolutionnaire. Quant aux émigrés, ils ne passèrent pas à l'*ennemi*, et ne comptèrent pas rompre avec la patrie qui les dépouillait; mais ils furent forcés de s'évader pour ne pas être tués et maltraités, pour ne pas être en danger lors même qu'ils reniaient la cause du roi et passaient au camp révolutionnaire. La noblesse émigrée qui désirait rendre au roi son autorité, sa dignité, sa liberté, mais avant tout le *sauver*, représentait bien mieux la patrie que ses adversaires ameutés contre le gouvernement légitime; et ce, lors même qu'elle se proposait un peu de revanche contre ces adversaires et la reprise d'une partie de tout ce dont on les avait dépouillés. Combattre les émigrés n'était donc nullement synonyme de combattre les ennemis de la France. Ceux, au contraire, qui s'appelaient eux-mêmes les *patriotes* par excellence, et qui poussaient frénétiquement à la guerre contre les étrangers et les émigrés, furent toujours les révolutionnaires qui étaient maîtres du pouvoir. En septembre 1792 Danton, ministre de la justice, était le chef des „patriotes". — C'est donc faire une injure à la France que de l'identifier avec les meneurs jacobins et avec leurs victimes, les soldats que les basses classes fournirent aux armées révolutionnaires. Tant que le roi vivait et même jusqu'à la fin de la terreur aiguë, l'armée composée de français qui combattait l'étranger, ne pouvait être considérée en aucune façon comme l'armée nationale. Ceux qui combattaient cette armée, instrument d'une horrible tyrannie exercée par une minorité ignoble, croyaient à bon droit qu'ils ne se battaient pas contre la France. Ce ne fut que depuis la pacification opérée par Napoléon que l'armée redevint tout à fait nationale. Mais l'armée jacobine, celle de Danton et de Robespierre, ne fut jamais l'armée de la France, et les succès militaires de cette armée ne fournirent à la France aucune bonne raison pour se l'approprier en lui conférant des titres de nationalité. Il ne faut pas oublier, au surplus, qu'une partie de cette même armée jacobine a servi d'instrument aux chefs jacobins pour faire la guerre civile et pour commettre les atrocités de Nantes, de Toulon, de Lyon etc. Remarquons, enfin, que la lutte de la France révolutionnaire contre les étrangers et les émigrés n'a pas été bien difficile, et que l'invasion en France des armées étrangeres fit place, presque immédiatement, à une invasion très profitable des armées révolutionnaires dans les pays voisins, dont l'exploitation, jointe à la propagande révolutionnaire, ne fut rien moins qu'honorable.

Il est permis d'admirer l'abnégation de ceux qui au commencement de la révolution sacrifièrent leurs privilèges sur l'autel de la patrie. Ce sacrifice enthousiaste a fourni une belle page dans l'histoire de la *période* révolutionnaire. Mais il ne peut être réclamé par la *révolution*, dans le sens du *renversement* violent de l'ancien régime, parce qu'il n'a pas été fait par les adversaires de ce régime qui l'ont renversé, mais par les *victimes* de la révolution. Au lieu d'être récompensées par un peu de reconnaissance,

ces victimes n'ont recueilli que la calomnie et la persécution. Le nom d'*aristocrates* qu'on donnait aux nobles
en les opposant aux „patriotes" ou aux sans-culottes,
ce nom était équivalent de traître ou d'ennemi public et
conduisait à la proscription, sinon à la lanterne ou à
la guillotine.

THÈSE IV.

La république est une notion négative et incertaine quant à ses limites, et finalement un néant politique.

La „*république* est une notion essentiellement négative. Elle ne contient autre chose que la négation de la monarchie. La république peut être égalitaire, aristocratique, ploutocratique ou oligarchique, unitaire ou fédérative, centralisée ou pleine d'autonomie locale, polycratique ou ne gouvernant et ne légiférant que fort peu, tyrannique ou libérale, plus ou moins bonne ou mauvaise. La république est, en outre, une notion relative ou incertaine, non moins que celle de la monarchie, dont elle est la négation pure et simple. On ne peut la borner que fort arbitrairement à la monarchie héréditaire et conforme aux idées de l'ancien régime. Pourquoi un chef de l'état ou de la nation, exerçant un pouvoir considérable, ne serait-il pas un monarque, s'il est élu, soit à vie, soit pour un grand nombre d'années? La royauté primitive a été partout élective; elle n'est devenue héréditaire que peu à peu. La dignité d'empereur romain même est sortie d'une magistrature suprême, conférée pour un certain nombre d'années. De même, il est arbitraire d'exiger la nomination à vie pour qu'il y ait un monarque. Dira-t-on cependant que l'état cesse d'être une monarchie, lorsque le chef de l'état porte le titre de „chef de l'état", ou s'il s'appelle président, au lieu de s'appeler prince, duc, roi ou empereur? On sent qu'il est complètement arbitraire d'attribuer une pareille importance à un simple titre, à un mot.

Il n'est pas moins arbitraire de dire : 1°. que la monarchie devient république lorsque le monarque est dépouillé de tout pouvoir réel et ne conserve que l'apparence de son ancienne dignité, comme cela est arrivé à la reine d'Angleterre, au roi des belges et à d'autres princes, par l'application du système parlementaire, et qu'ainsi la monarchie parlementaire est en effet une république; 2°. que le chef de l'état, pour être monarque, doit représenter en sa personne la majesté de l'état dans ses rapports avec ses nationaux et avec les puissances étrangères, au lieu de se conduire en simple citoyen; 3°. que le chef de l'état, pour être monarque, doit être inviolable, irresponsable et exempt de toute accusation politique ou privée pendant la durée de ses fonctions, ou même quant à l'exercice de ces fonctions, après sa rentrée dans la vie privée; 4°. qu'un chef de l'état responsable et simple citoyen cesse d'être un monarque dès qu'il n'exerce aucun pouvoir réel et ne remplit que le rôle d'un „président parlementaire".

En somme, à moins d'une limitation arbitraire de la notion de la monarchie, il y a encore une monarchie, et il n'y a pas encore de république, tant que la constitution contient un personnage qu'il faut considérer à cause de la nature de ses fonctions comme chef de l'état; et ce, quoiqu'il ne porte que le titre de président, qu'il ne représente pas mais se conduit en simple citoyen, qu'à l'instar d'un roi parlementaire il n'exerce aucun pouvoir réel, et qu'il n'est pas inviolable mais au contraire accusable, même pendant la durée de ses fonctions.

Ainsi la république, simple négation d'une institution — celle d'un chef de l'état — qui peut descendre à la dernière insignifiance, est un néant politique. A ce néant près, une république et une monarchie peuvent être identiques. Et ce néant n'empêche pas que deux républiques diffèrent entre elles comme ciel et terre, et que deux monarchies ne se ressemblent en aucune façon. Il faut être bien simple ou bien niais pour croire qu'on possède un diamant politique, ou au moins un objet de quelque valeur, lorsqu'on tient „la république". C'est ainsi que les badauds de Paris furent persuadés le lendemain de Sédan que leur nouvelle république allait les faire triompher des allemands. Ce fut aussi l'illusion de l'assemblée nationale en 1848, lorsqu'après la triste révolution de février et l'insurrection de juin, elle inscrivit dans l'art. 1 du préambule de sa constitution:

„La France s'est constituée en république. En adoptant
„cette forme définitive de gouvernement, elle s'est proposé
„pour but de marcher plus librement dans la voie du
„progrès et de la civilisation, d'assurer une répartition de
„plus en plus équitable des charges et des avantages de
„la société, d'augmenter l'aisance de chacun par la réduc-
„tion graduée des dépenses publiques et des impôts, et
„de faire parvenir tous les citoyens, sans nouvelle com-
„motion, par l'action successive et constante des institutions
„et des lois, à un degré toujours plus élevé de moralité,
„de lumières et de bien-être." Tout cela, parce qu'après
avoir chassé d'abord la branche aînée, ensuite la branche
cadette de la maison royale de France, on adoptait pour
le nouvel ordre de choses qu'on établissait, le *nom*
de *république*, quoiqu'on établît en effet une véritable
monarchie: „le peuple français déléguant le pouvoir
„exécutif à un citoyen élu pour quatre ans par le suffrage
„universel, et portant le *titre* de président de la république".
(art. 43—46). Le président élu en vertu de cette constitution fut Napoléon III, mais le nom de *république*
n'en fut pas moins conservé.

THÈSE V.

La république française actuelle est plus qu'un minimum de monarchie.

On est indubitablement en république 1º. lorsqu'une assemblée, un parlement, est l'organe central et suprême du pouvoir, et que le gouvernement est exercé par les mandataires de cette assemblée, soit membres, soit étrangers, appelés ministres ou autrement, 2º. lorsque le gouvernement est exercé par un conseil ou un comité indépendant du parlement, les fonctions du pouvoir social étant partagées entre l'assemblée (dite pouvoir législatif) et le conseil (dit pouvoir exécutif). C'est ainsi que la France était république sous la constitution de 1793, laquelle établissait un corps législatif et un conseil exécutif composé de 24 membres et subordonné au corps législatif. La France fut également république sous la constitution de 1795, laquelle instituait un corps législatif composé du conseil des Anciens et du conseil des Cinq-Cents et un directoire de 5 membres nommé par le corps législatif et exerçant le pouvoir exécutif. La Suisse avec son conseil fédéral de 7 membres élus par l'assemblée fédérale (le conseil national et le conseil des états réunis) est aussi sans conteste une république. L'ancienne Rome avec ses deux magistrats suprêmes, appelés consuls, à côté de l'assemblée populaire et du sénat était une république certainement.

Mais il y a un résidu de monarchie, tant qu'il y a un chef du gouvernement central, distinct du parlement, quelle que soit d'ailleurs son indignité ou son insignifiance. Les Etats-Unis d'Amérique avec leur président élu, non par le congrès mais par la nation, pour quatre ans, simple citoyen et accusable pendant la durée de ses fonctions, mais chef civil et militaire, gouvernant par des ministres qui dépendent de lui et non du congrès, forment une monarchie manifeste. Le commonwealth (traduction de respublica) anglais devint une monarchie, dès que Cromwell devint son Lord Protector. On peut avoir des doutes sur la nature du Consulat français sous la constitution de 1799, laquelle confiait le gouvernement de la „république" à *trois* consuls nommés pour dix ans; mais comme le deuxième et le troisième consul n'étaient en réalité que des figurants (a. 41/2), la France était en effet une monarchie dès le 13 déc. 1799, avant que les consuls eussent été nommés à vie (sénatusconsulte de 1802), et que „le gouvernement de la *république* eût été confié à un empereur". De même la constitution de novembre 1848, avec son président élu pour quatre ans par le suffrage universel, établissait déjà une monarchie, malgré le titre de république dont elle affublait sa nouvelle création politique. Aussi Napoléon III ne répudia nullement *ce titre* dans sa constitution de janvier 1852, qui le laissait président de la république malgré le rétablissement du régime impérial. Enfin, la constitution actuelle, introduite en 1875 — avec son président élu pour *sept* ans par la chambre des députés et le sénat réunis; irresponsable, hors le cas de haute trahison; recevant la diplomatie étrangère; ayant l'initiative des lois concurremment avec les membres des deux chambres et en assurant l'exécution, revêtu du droit de faire grâce, disposant de la force armée, nommant à tous les emplois civils et militaires, le tout sauf le contreseing obligatoire et la responsabilité de ses ministres; pouvant dissondre la chambre des députés sur l'avis conforme du sénat, et pouvant ajourner les deux chambres pour un mois au plus, deux fois par session; négociant les traités; pouvant enfin retarder la promulgation des lois pendant un mois, ou une loi ayant été déclarée urgente par l'une des chambres, pendant trois jours, avec le droit de demander dans ces délais la révision par les deux chambres. — cette constitution est évidemment monarchique et non républicaine. Il faut ajouter que l'élément monarchique de cette constitution n'est pas aussi faible que les allures du président GRÉVY ont pu le faire croire. GRÉVY s'est conduit correctement comme un président parlementaire qui règne et ne gouverne pas, le gouvernement étant exercé par des ministres qui sont en réalité les mandataires de la majorité parlementaire. Mais rien n'indique qu'en décrétant la *responsabilité* des ministres aux deux chambres, l'assemblée nationale ait entendu établir une „présidence parlementaire" analogue à la royauté parlementaire selon les modèles de la monarchie anglaise et de la théorie de la monarchie orléaniste. On n'a pas voulu appliquer ce système — en 1875 pas plus qu'en 1848 — à un chef de l'état non héréditaire, mais élu pour un nombre d'années déterminé et considéré comme *délégué* du peuple français quant au pouvoir exécutif (a. 43 constit. 1848). Un chef de l'état *nul* (à moins qu'il ne s'agisse d'un roi héréditaire qu'on désire réduire à une vaine apparence) n'est pas un produit naturel de l'esprit français. — Si cependant le président de la constitution de 1875 est considéré comme un „président parlementaire", il n'est en rien inférieur à un „roi parlementaire", sauf la source et la durée de ses fonctions et le titre qu'il porte; d'où il suit, que la république organisée en 1875 est tout bonnement une monarchie, et ce, *plus* qu'un *minimum* de monarchie.

THÈSE VI.

Les trois républiques françaises n'ont fait que
déshonneur à la France.

Evidemment la seule circonstance de ne pas contenir un
minimum de monarchie ne peut rendre une constitution
bien nuisible pour un pays. Le sens de la thèse n'est
donc pas que les trois républiques aient fait tort à la
France par le seul fait d'être république. En revanche,
il ne faut pas se figurer, comme le font les républicains
révolutionnaires, que ce seul fait produise un effet magique,
et qu'il soit bienfaisant par lui-même. Pour déraciner
cette funeste illusion, il est utile de faire ressortir que
les trois périodes dites républicaines, au lieu de faire
honneur à la France, n'ont fait que nuire à sa réputation;
et ce, abstraction faite de la question de savoir si chacune de ces trois républiques a été appelée ainsi à bon
droit ou à tort.

On sait que „la république" ne fut découverte qu'en
1792, que le 21/2 septembre de cette année la royauté

ut abolie et la république proclamée, que la constitution de 1793 consacra définitivement la république française, et que par décret de la convention du 5 oct. 1793 „l'ère des français" fut déclarée avoir commencé le 22 sept. 1792, jour de la fondation de la république. Ainsi la *première* république — une véritable république celle-là — est née à la suite de l'insurrection du 10 août avec le pillage des Tuileries et la boucherie des suisses. Cette insurrection fut suivie de l'emprisonnement de la famille royale au Temple, de l'impuissance du pouvoir central et du suicide de l'assemblée législative, des massacres inouis de septembre conduits surtout par le nouveau ministre de la justice, Danton, et de l'avènement de la convention, qui fut la plus terrible des assemblées nationales et en même temps la plus terrorisée et par conséquent la moins libre. Or le premier acte de la convention fut la proclamation de la république. La première république fut illustrée ensuite par l'assassinat politique du roi, de la reine et de victimes sans nombre, par des héros tels que Marat, Danton, Hébert et Robespierre, par le tribunal révolutionnaire, par la guerre civile et le régime de la Terreur, par des luttes sanguinaires continuées jusqu'au directoire et à la constitution de 1795, et par les troubles du régime directorial qui ne parvint pas à établir une république bien assise et tranquille. Enfin, malgré la fertilité législative de la convention et les succès militaires à l'étranger, la France était si bien fatiguée de la première république, sept ans seulement après sa naissance, que Napoléon I lui parut un sauveur quand il abattit la république et la remplaça par sa dictature.

La *deuxième* république, née d'une surprise, a été écervelée, impuissante et en même temps malfaisante dès le début. Le pouvoir fut saisi d'abord par des usurpateurs, la plupart incapables, poussés par la vanité, par l'ambition, par le fanatisme révolutionnaire ou socialiste. A la résurrection des traditions révolutionnaires se joignirent des essais de socialisme. La terrible insurrection de juin fut une guerre civile condensée; et si elle avait été victorieuse, une nouvelle dissolution sociale en serait résultée pour Paris et pour toute la France. Les élections d'avril produisirent encore une assemblée composée en majorité de républicains non hostiles à la grande révolution, et qui n'entendaient pas rétablir la maison royale des Bourbons ou des Orléans. Mais dix mois seulement après la chute de Louis-Philippe, la France était tellement lasse de la république, qu'elle donna pour la présidence une très grande majorité de voix, non à Lamartine, non au général républicain Cavaignac, qui venait de dompter l'insurrection de juin, mais à Louis Napoléon, héritier-prétendant au trône de son oncle. Trois ans après le coup d'état qui rétablit au profit du „président de la république" le régime consulaire ou impérial, ce régime fut acclamé et l'auteur du coup d'état absous par une immense majorité de voix; et ce, non par l'effet de l'intimidation, mais en premier lieu parce qu'on voulait le césarisme napoléonien, et qu'on ne voulait plus de la république.

Au reste, sous la dictature du gouvernement provisoire il n'y eut qu'une république provisoire, laquelle devint définitive lorsque l'assemblée nationale se réunit et proclama la république le 4 mai, et qu'elle nomma ensuite une *commission* exécutive le 10 mai. Mais cette véritable république ne dura que jusqu'à la constitution du 4 novembre 1848, qui établit la présidence de la république.

La *troisième* république française fut proclamée par quelques membres extrêmes de l'opposition, qui en cette qualité s'érigèrent en gouvernement provisoire, dit de la défense nationale; quoiqu'il leur fût impossible de se considérer comme des hommes d'état. Or après l'investissement de Metz et la capitulation de Sédan, il n'y avait plus d'armée, et la partie était complètement perdue contre l'Allemagne. C'était donc le devoir évident de tous les français de soutenir le gouvernement établi, d'entourer loyalement l'impératrice régente, de rendre possible de cette façon la conclusion d'une paix prochaine à des conditions modérées et honorables, et de remettre à des temps meilleurs la question de parti entre la république et l'empire. On le pouvait; car la France n'avait pas plus protesté contre cette guerre que contre celles de Crimée et d'Italie; quant à son succès probable toute la France s'était trompée avec Napoléon III et ses ministres; et en cas de succès toute là France aurait applaudi de tout son coeur à la revanche pour Sadowa et à l'annexion de la Belgique et de l'Allemagne jusqu' au Rhin, bien plus qu'elle n'avait applaudi à l'humiliation de la Russie et de l'Autriche et à l'annexion de la Savoie et de Nice. C'était donc une lâcheté de „chasser" ignominieusement le souverain autrefois victorieux, après une défaite écrasante qu'aucun français n'avait prévue. Mais ces faux patriotes et usurpateurs du pouvoir songèrent d'abord à satisfaire leur ambition personnelle et à servir l'intérêt de leur parti. Ils s'empressèrent donc de former un gouvernement qui n'avait aucun fondement légal et ne s'appuyait sur aucune majorité nationale. Il était impossible, en effet, de conclure la paix avec le gouvernement provisoire, parce que rien ne garantissait que cette paix fût reconnue et respectée par la nation et par n'importe quel gouvernement subséquent. Les usurpateurs auraient au moins dû se hâter de faire élire par le suffrage universel une assemblée souveraine, comme celle de février 1871, avec laquelle l'Allemagne pourrait traiter. Au contraire, ils prolongèrent indéfiniment leur dictature; et le seul homme énergique du groupe, Gambetta, en abusa pour épuiser son pays et pour envoyer inutilement à la boucherie, à la captivité ou à l'internement en pays étranger, des centaines de milliers de français; et ce, avec une légèreté de coeur et une indifférence suprême que même le grand Napoléon au coeur de métal n'avait point connues. La guerre à outrance décrétée et dirigée par

Gambetta, qui était tout autre chose qu'un Napoléon I et n'entendait rien aux affaires militaires, devait conduire nécessairement à un dénoûment désastreux. Elle conduisit en effet à une paix dure et honteuse: deux provinces qui auparavant menaçaient l'Allemagne, passant au vainqueur pour tenir la France en échec, et une amende de guerre inouïe jusqu'alors étant imposée avec une longue occupation d'une partie considérable du territoire.

On dit que, cependant, la résistance organisée par Gambetta a causé aux allemands beaucoup d'ennuis, de difficultés et de pertes, qu'ils ont dû redoubler leurs efforts et ralentir leurs opérations. Cela est vrai; mais leur triomphe n'en a été que plus complet, la France n'en a été que plus humiliée, le nombre des morts, des blessés et des captifs s'est énormément accru, les souffrances infligées aux allemands ont été bien plus que balancées par les souffrances imposées aux français, même aux non-combattants.

On allègue en vain que Gambetta a cru pouvoir remporter une victoire finale au moyen de la levée en masse, à l'exemple de la première révolution. En premier lieu, après Sédan, le succès *devait* paraître extrêmement douteux sinon impossible; et une poignée d'aventuriers politiques ne devait pas assumer la responsabilité d'une entreprise hasardeuse, dont le meilleur succès même coûterait à la France des souffrances et des sacrifices immenses. En second lieu un peu de réflexion suffisait pour saisir la différence des situations en 1792/3 et en 1870. En 1792/3 la France révolutionnaire eut à combattre des armées relativement peu nombreuses, composées de mercenaires, indifférentes à la cause de la guerre qui n'était nullement un intérêt national. Les principales de ces armées, celles de la Prusse et de l'Autriche, obéissaient à des princes ayant à cette époque des intérêts matériels et majeurs à soutenir en Orient, où il s'agissait de partager la Pologne entre les trois puissances rivales; tandis que la mission de délivrer Louis XVI et de dompter la révolution n'avait pour eux qu'un intérêt de sentiment. Il est vrai que les français étaient seuls contre tous en 1792/3, mais leurs plus puissants auxiliaires étaient la faiblesse militaire des alliés et la faiblesse de leur coalition, qui paralysait constamment leurs mouvements. A ces faibles adversaires les français opposèrent des ressources extraordinaires : déjà en 1792 l'enrôlement volontaire après que la patrie eut été déclarée en danger, mais surtout dans la grande campagne de 1793/4 la levée en masse, qui fournit un nombre de soldats réputé fabuleux à cette époque. Des troupes fanatisées par l'idée, si énergiquement exprimée par la marseillaise, de la défense de leurs foyers contre l'étranger, et de la lutte contre le retour de l'ancien régime, furent conduites par de jeunes chefs entreprenants, qui opposèrent à l'ancienne tactique prudente et lente une stratégie nouvelle, celle des marches rapides et des attaques en masse et impétueuses. Ajoutez que la propagande révolutionnaire très active de la convention produisit des effets merveilleux en Allemagne, en Belgique, en Hollande, en Savoie, etc. En 1870, la France ne disposait d'aucune de ces ressources et de ces avantages, et son adversaire, au lieu d'être une faible coalition, était une nation armée, déjà établie sur le territoire après avoir à peu près anéanti ou mis hors de combat l'armée française. C'était la première puissance militaire de l'Europe qui venait de confirmer l'excellence de son nouveau système, dont elle avait donné les premières épreuves en 1866. La France était isolée contre cet adversaire, non moins qu'en 1792/3 contre l'Europe alliée. Et pour obtenir l'appui de quelque autre puissance, il aurait fallu que le gouvernement existant et reconnu par l'Europe entière offrit la paix à des conditions raisonnables, tandis qu'au contraire ce fut un gouvernement révolutionnaire et usurpateur qui continua à outrance une guerre injustifiable et même dénuée de tout prétexte.

Quant à la confiance que la proclamation de la *république* — c-à-d. provisoirement de leur propre dictature — aurait inspirée aux usurpateurs menés par Gambetta, et quant à leur prétendue conviction que les allemands n'oseraient combattre *leur* république, à cause de la peur que *toute* république française fait à toute l'Europe: si cette confiance et cette conviction ont été sincères, elles ont touché à l'aliénation mentale.

Cependant les admirateurs de Gambetta l'ont exalté à un autre point de vue. Ils ont prétendu que par sa guerre à outrance il a sauvé l'honneur de la France. C'est là une illusion curieuse. Il n'y a nul honneur pour un homme qui a succombé dans une lutte régulière corps à corps, à ne pas s'avouer vaincu, et à ne cesser une résistance inutile qu'après avoir été roué de coups et réduit à un état déplorable. De même, il n'y a nul honneur pour une nation à ne pas vouloir conclure la paix à des conditions acceptables après une défaite décisive, et à ne poser les armes et ne demander la paix qu'après avoir été réduit à la dernière extrémité. Un peuple, un gouvernement, un prince, s'ils sont raisonnables, diront à l'adversaire victorieux: „Le *sort* des armes a *décidé* contre moi, (ou bien) *Dieu* l'a *voulu* ainsi; je suis donc décidé à subir des conditions raisonnables: traitons sur la paix." L'empereur d'Autriche a conclu une paix très honorable après Sadowa; s'il avait persisté jusqu'à l'épuisement de ses peuples et au démembrement de son empire, sa conduite eût été criminelle, et il n'aurait conclu qu'une paix honteuse pour lui, pour la maison de Habsbourg et pour l'empire d'Autriche-Hongrie. Napoléon I, après avoir échoué dans son entreprise téméraire contre la Russie, aurait pu conclure rapidement une paix honorable avec l'empereur Alexandre à des conditions avantageuses pour la Russie et non préjudiciables à la France; après quoi il aurait pu s'arranger avec l'Autriche et la Prusse,

au prix de quelques concessions qui n'auraient fait que diminuer l'étendue de la domination française en Allemagne et
en Italie. Prétendra-t-on qu'il a sauvé l'honneur de la France
après la destruction de la grande armée, parce qu'il ne s'est
pas avoué vaincu, qu'il n'a fait aucune concession à
personne, qu'il a résisté et bataillé jusqu'à l'extinction
des forces militaires de la France et à l'occupation étrangère, jusqu'au moment où tout était fini? Ce serait
difficile à soutenir. — Evidemment après la lutte énergique
autour de Metz, suivie de l'investissement de l'armée de
Bazaine dans Metz et du désastre de Sédan, l'impératrice-
régente, après l'abdication de Napoléon III en faveur de son
fils, aurait pu conclure une paix honorable à des conditions
modérées. Mais la paix conclue au nom d'un peuple aux
abois, après une suite ininterrompue de défaites, après
que ce peuple eut subi des pertes fabuleuses en morts
et en blessés, en captifs et en internés, en fusils, canons
et forteresses, et qu'il eut été battu jusqu'à la moelle
des os, d'une façon dont l'histoire offre à peine un exemple: cette paix fut ignominieuse. Le peuple français l'a
vivement senti. La rage dont la guerre de 1870/1 l'a
rempli, a été causée en premier lieu, non par les conditions de la paix, mais par le sentiment qu'il eut d'avoir
été battu comme un chien. Or, c'est Gambetta qui l'a
obstinément exposé aux coups de l'ennemi; et chose curieuse, quand la nation n'en pouvait et n'en voulait plus,
il n'était pas satisfait. Il désirait prolonger „l'outrance",

qui ne lui avait jamais coûté un cheveu de sa tête, pour que la France continuât à être battue, et que finalement elle fût humiliée davantage.

La troisième république eut un héros, un seul. Ce ne fut pas le vieux Thiers, qui voua tous ses talents et ses connaissances, toute son énergie et sa persévérance, à la libération du territoire et à la réorganisation de la France; mais ce fut l'aventurier Gambetta. Or, Gambetta était un homme mal instruit dans sa jeunesse, qui au lieu de réparer ce défaut par des études tardives, passa dix ans de cabaret à Paris avant de se faire remarquer comme avocat dans des procès politiques. Ce n'était un esprit, ni juridique, ni politique, ni philosophique, ni *penseur* en aucune façon. Il n'avait d'autres mérites que beaucoup d'énergie, de confiance et d'audace, une éloquence fougueuse et on ne sait quoi dans la *gorge* qui faisait impression sur un auditoire impressionnable. Mais ses discours étaient vides de sens, et même ceux qui étaient préparés d'avance, ne résistaient pas à la lecture, parce que les phrases en étaient mal composées et les pensées mal développées. Ces pensées d'ailleurs n'avaient aucune profondeur, aucune importance, aucune originalité, et ne reproduisaient que des lieux communs, des banalités contemporaines, des opinions qui étaient dans l'air, et auxquelles il tâchait de donner une expression saisissante. Des apophtegmes comme „se soumettre ou se démettre" et „le cléricalisme c'est l'ennemi" contiennent peut-être ce qu'il a trouvé de plus fort dans ce genre. C'est avant tout par son audace qu'il dominait les hommes politiques de son parti, instruits, réfléchissants, mais en même temps fatigués, découragés, hésitants. Mais que son audace surtout l'ait rendu le héros de la troisième république, voilà ce qui est un fait bien triste, bien déshonorant pour cette même république. Après la paix, revenu de son court exil, il ne fut que tribun populaire et chef de parti; il parvint à exercer un gouvernement occulte, mais la dictature lui échappa. Il suivit une politique variable et en vérité opportuniste. Il combattit à outrance le clergé et l'église, et il annonça prématurément et imprudemment la revanche. Quant aux finances, à la politique étrangère et au gouvernement intérieur, il n'eut aucune pensée suivie, reposant sur l'étude des faits ou sur un coup d'oeil lucide. Aussi son étoile avait considérablement baissé quand une main vengeresse le frappa. Lui-même avait démontré rétroactivement l'incapacité et l'incompétence du dictateur de Tours et de Bordeaux. Cependant, voilà le héros de la troisième république, auquel on a élevé un grand monument à Paris sur la place du Carrousel, tandis qu'on s'est contenté d'élever à Thiers de modestes statues à Nancy et à S. Germain en Laye.

Les républicains de la troisième république ont été embarrassés, quand ils ont tâché de lui trouver des mérites. Ils ont dit cependant, que la France n'a jamais connu autant de liberté que sous la troisième république, et que néanmoins il n'y a pas eu d'insurrections pendant la longue période de son existence. — Pour ce qui regarde les insurrections, on oublie malheureusement la commune, qui a été une insurrection véritable et colossale, et qui a eu lieu en pleine troisième république. On oublie aussi que le parti extrême qui fit plus tard la commune, organisa déjà des émeutes pendant le siège de Paris. Il ne faut pas oublier, non plus, qu'après le massacre et la déportation de plusieurs milliers de communards, et après la réaction causée par la commune parmi tous ceux qui possédaient quelque chose, le moment était bien venu pour les émeutiers survivants de se reposer et de se recueillir quelques années avant de recommencer les émeutes. Néanmoins, à Paris, la bonne volonté et les tentatives d'en faire sont à l'ordre du jour. Seulement, on ne dispose plus des moyens de succès dont on disposait autrefois ; le gouvernement est sur ses gardes, il ne se laisse pas surprendre, et il prévient ou réprime immédiatement les mouvements destinés à aboutir à l'émeute et à la révolution. Mais cela n'empêche pas, que dès que l'occasion semblera belle, on ne tente à Paris de réintroduire la commune avec la société démocratique et socialiste et l'égalité de fait, et que le premier acte de la nouvelle révolution ne soit de dépouiller les riches et de confisquer les richesses sociales au profit des pauvres et des travailleurs. Il est pénible de voir à Paris, pendant l'exposition, le contraste du luxe insolemment étalé au grand soleil et des centaines de milliers de Parisiens qui n'attendent que le moment propice de s'emparer de tout ce qui leur semble désirable et d'assouvir en même temps leur envie et leur haine accumulées depuis la chute de la commune en 1871.

La somme de *liberté* dont on a joui sous la troisième république, est le fruit de la faiblesse des gouvernements faibles et de plus en plus faibles qui se sont succédé sans relâche. On n'y a pas connu la liberté anglaise, celle qui sait se faire respecter, parce qu'elle sait se gouverner; mais on a abusé, autant qu'il est possible d'en abuser, de la liberté de réunion et de la liberté de la parole. Les processions, les meetings, les rassemblements dans les rues et dans les salles publiques n'ont été contenus que par la police et la force armée. On a abusé de la liberté de la parole dans les discours publics, au théâtre et dans la presse — romans, revues, journaux, brochures, feuilles détachées, répandus à profusion —, de la liberté de la caricature et de l'imagerie, de la liberté du colportage, de l'étalage, du criage. On a abusé de la liberté de tout dire par ces moyens divers, en d'autres termes de la liberté de l'injure et du blasphème, des propos séditieux et incendiaires, de l'immoralité et de la sensualité dégoûtante.

La liberté de la troisième république est celle de dire et de faire le mal en toute sûreté. Ce n'est pas la liberté quant aux opinions politiques des adversaires du parti républicain dominant. On „épura'' non seulement l'administration, mais même la magistrature en suspendant son inamovibilité. On persécuta même les membres des ordres religieux dont on ne voulait plus; on chassa de leurs asiles des moines et des nonnes. C'est ainsi qu'on pratiquait la liberté!

On a dit aussi que pendant la troisième république l'activité intellectuelle, artistique et scientifique ne s'est pas ralentie un instant. Cela veut dire qu'il n'y a pas eu de décadence dans l'ordre intellectuel et esthétique. En effet, la France a continué à fournir des collaborateurs au travail scientifique commun des nations civilisées, et les bons compositeurs, ainsi que les bons peintres, dont la race abonde maintenant au monde entier, ne lui ont pas manqué. Mais il est difficile de nier qu'il y ait eu — sauf quelques exceptions — une décadence réelle dans un domaine où la France avait si longtemps brillé, dans la littérature. Si la décadence de cette littérature a commencé après la révolution de 1848, elle est devenue plus sensible sous la troisième république. Non seulement on y a fait entrer une immoralité de fort mauvais goût, mais les produits littéraires — romans, drames, poésies — ont généralement baissé pour le fond et pour la forme, malgré ce qu'on a fait pour leur donner un relief artificiel ou pour les épicer à l'intention des palais blasés. C'est cette décadence réelle qui a fortement diminué le crédit de la littérature française à l'étranger. Il ne faut pas en accuser

la grande défaite militaire de la France en 1870/1, qui
a fortement endommagé son prestige militaire, mais qui
n'a fait aucun tort à sa réputation littéraire; pas plus
qu'elle n'a nui à l'accueil fait à Londres aux coiffeurs
français et aux grisettes françaises, comme un auteur
sérieux a eu la sottise de le prétendre dans la *revue des
deux mondes*, il n'y a pas longtemps [1]).

 „La troisième république a donné, dit-on, une nouvelle
et grande impulsion à l'instruction publique." — Con-
vaincus à tort que le *minimum* d'instruction contenu dans
l'enseignement primaire fait des merveilles pour rendre le
peuple sage et bon, et que *beaucoup* de connaissances
acquises suffisent pour préparer aux fonctions sociales
supérieures et aux travaux scientifiques, les républicains
avancés ont fait beaucoup, en effet, pour l'extension de
l'enseignement primaire et secondaire; c-à-d. de l'enseignement *public* et *laïque*, séparé de l'enseignement
religieux et même moral. Mais on ne peut considérer ce
qu'ils ont fait, comme un véritable progrès. D'abord, parce
qu'ils ont donné à leur instruction la fausse direction
contemporaine, celle du surmenage des enfants et des

---

[1]) Loin de nuire à l'estime et à l'affection que l'étranger
porte à la France, ses revers militaires lui out valu des
sympathies, et Sédan opéra déjà un revirement d'opinion
remarquable en sa faveur. En effet, l'indignation contre la
France était générale à l'étranger au commencement de la
guerre.

jeunes gens, et celle de charger la mémoire d'un tas de connaissances détachées et de résumés scientifiques mal digérés ou incompris, sans s'occuper de l'éducation du jugement et de la pensée. Ensuite, ils ont rendu un mauvais service à l'enseignement primaire et à l'éducation morale des enfants en expulsant de cette instruction (comme de l'exercice de la charité) la religion catholique et les forces spirituelles et économiques dont elle dispose. La religion catholique est, en effet, celle du peuple français, lequel — abstraction faite du nombre insignifiant des protestants et des juifs — n'a pas d'autre religion, soit dans les limites du christianisme, soit hors de ces limites.

Toute cette extension de l'enseignement public et laïque n'a pas empêché et n'a pu empêcher une démoralisation croissante : le progrès de l'alcoolisme, la multiplication (surtout à Paris) des cabarets simples et des cabarets à prostitution, l'émancipation de l'individu de toute autorité morale, l'autonomie morale dans ce sens que chacun est le souverain arbitre des règles de morale qu'il veut s'imposer, des principes moraux qu'il veut reconnaître. On peut dire que la France de la troisième république a plus fait que la France des régimes précédents pour la démoralisation de toutes les classes et surtout du peuple. Ajoutez que la bourgeoisie s'est adonnée, même plus qu'auparavant, à la poursuite exclusive des profits pécuniaires et des jouissances matérielles ; et que ce qui reste de l'ancienne aristocratie, s'unissant à la très riche bourgeoisie et aux parvenus de la haute finance, oubliant ses traditions et les devoirs que lui impose son rang social, indifférent au bien public, se retirant dans une existence oisive et inutile, ne semble vivre que pour s'amuser d'une manière élégante et *puérile*.

On cite en faveur de la troisième république la formation des syndicats industriels et agricoles, qui ont déjà fait du bien et promettent d'en faire davantage. Mais cette formation est un phénomène économique contemporain qui n'est pas borné à la France; et on ne peut ajouter malheureusement que son agriculture et son industrie se trouvent depuis plusieurs années dans un état bien satisfaisant. Elle ne se distingue sous la troisième république, ni de ses voisins, ni de la France impériale de Napoléon III, par sa prospérité économique.

Il est impossible, en revanche, de nier que les gouvernements de la troisième république, à mesure que le radicalisme — ou en d'autres termes le „vrai républicanisme" — est devenu plus puissant, aient ruiné les finances du pays *par* des dépenses exagérées pour l'organisation de l'armée, de la marine, de tous les moyens de défense, *par* la multiplication de travaux publics peu utiles, prématurés, non urgents, *par* des guerres coûteuses et des conquêtes improfitables dans l'extrême Orient et ailleurs, *par* la multiplication excessive des fonctionnaires publics, *par* le défaut général d'économie et de contrôle. On ne peut nier enfin que le gaspillage des deniers publics, et que l'exploitation des finances de l'état par les gouvernements successifs, sous l'influence des représentants et des électeurs, n'aient pris en France, sous la troisième république, des proportions autrefois et ailleurs inconnues.

Quant à l'état moral et religieux du pays, il n'est rien moins que réjouissant après 19 ans de troisième république. Le scepticisme moral et la haine du catholicisme et de toute religion s'associent chez une très grande partie de la population mâle au radicalisme politique et social et au culte insensé de la révolution et de la république. Ces sentiments provoquent nécessairement une réaction profonde et impétueuse chez les conservateurs dans les domaines de la religion et de la société. C'est ainsi que la France est partagée en deux camps hostiles, et que la république dont les radicaux arborent l'étendard comme symbole de leur foi, au lieu d'être la forme de gouvernement qui divise le moins, devient ou est déjà devenue la forme qui divise le plus.

En somme, on ne peut nier: que l'état politique du pays soit devenu de plus en plus triste depuis que des gouvernements de plus en plus radicaux se sont succédé, et que la troisième république semble devoir s'éteindre, comme ses deux devancières, dans le césarisme.

CONCLUSION.

Les six thèses qui précèdent conduisent à la conclusion qu'il faut briser les idoles françaises de la *révolution* et de la *république:* celle de la république, parce que la république est un néant politique; celle de la révolution parce que la révolution est une infortune historique ou une triste période de l'histoire de France.

Pour guérir la France du mal dont elle continue à souffrir de l'avis de tous les français sérieux, il faut, en premier lieu, exorciser le peuple français des malins esprits de la révolution et de la république qui le possèdent. Mais cela ne suffit pas. Il faut encore le délivrer du démon de la revanche qui est entré en lui à la suite de la fatale guerre de 1870/1. Ce démon demande *au moins* 1° une défaite éclatante de l'Allemagne, 2° la rétrocession de l'Alsace-Lorraine. Quant à la défaite éclatante de l'Allemagne, les français pourraient y renoncer, si seulement ils daignaient avoir le bon esprit et le sang froid nécessaires pour comprendre 1° que la France seule a causé ses désastres de 1870/1, qu'elle les a voulus, que l'Allemagne n'a nullement abusé de l'énormité de son succès, que la France n'a aucun reproche à faire à l'Allemagne, mais qu'elle doit se reprocher à elle-même tout ce qu'elle a souffert; 2° qu'une grande guerre victorieuse ne nuit pas seulement à l'ennemi, mais inflige des souffrances et des pertes terribles au vainqueur, et qu'ainsi une grande guerre européenne ayant pour but unique d'essuyer la honte d'une défaite par la gloire d'une victoire, est une sottise en même temps qu'un crime. Pour ce qui regarde la réacquisition de l'Alsace-Lorraine, on devrait en abandonner l'idée par cette considération que la possession d'une province habitée par un petit nombre de colons français immigrés, mais du reste presque entièrement par une population allemande quant à la race et à la langue, et qui ne tardera pas à redevenir allemande de coeur, ne vaut pas la guerre terrible qu'il faudrait faire à l'Allemagne pour lui arracher la province sur laquelle elle s'appuie pour se défendre contre la France, et qui réannexée à la France serait une menace perpétuelle contre l'Allemagne. Il serait d'autant plus facile à la France de se consoler de la perte de l'Alsace-Lorraine, que Napoléon III lui a fourni d'avance une compensation par l'annexion de la Savoie et de Nice. La compensation est complète quant au territoire; quant à la population elle n'atteint que la moitié. En revanche, l'Alsace-Lorraine n'offre rien de bien remarquable, tandis que la Savoie (la Suisse française) et Nice (la Riviera française) sont les plus belles provinces de la France. Les alsaciens-lorrains sont des allemands, physiquement et moralement peu sympathiques aux français. Les savoyards au contraire sont des français tout aussi bien que les habitants du pays de Vaud, de Neuchâtel ou du Jura français; les niçois sont des provençaux peu différents de leurs voisins de Provence. On a donc fait un bon échange sous ce rapport. Quant à l'infériorité numérique des savoyards et des niçois aux alsaciens-lorrains, elle est compensée par l'annexion virtuelle de la Tunisie, dont la population est évaluée à un million et demi. Après l'acquisition de la Tunisie, qui est de la plus grande importance pour la suprématie française dans la méditerranée, la place territoriale que la France occupe en Europe, n'est donc nullement inférieure à celle qu'elle occupait avant l'annexion de la Savoie et de Nice.

Ainsi les français pourront fort bien accepter le statu quo et renoncer à la guerre de revanche; surtout s'ils la remplacent par une industrie-revanche (faisant suite à l'exposition-revanche de 1889), par un art-revanche et par une littérature-revanche qui fera oublier la littérature immonde (pornographique, bien que revêtant des formes plus ou moins délicates) des romans, des revues, des drames de nos jours, et qui rétablira l'ancienne domination, aujourd'hui ruinée, de la littérature française et de l'esprit français.

La revanche écartée avec la révolution et la république,

on pourra donner toute son attention à l'établissement d'un gouvernement stable et d'un régime politique non transitoire. Mais que voudra-t-on et que pourra-t-on établir? — Selon M. Ed. Goumy [1]) la question est toute résolue. Il suffit de conserver ce qu'on a: la république et la constitution de 1875, mais cette constitution complètement appliquée, et la république conservatrice au lieu de la république radicale, la république inspirée et soutenue par les royalistes, les bonapartistes et les républicains non radicaux. Ces éléments divers formeront, selon M. Goumy, le parti du bien public; les royalistes voyant non moins que les bonapartistes l'impossibilité d'une monarchie, soit sous le comte de Paris, roi, soit sous un Bonaparte, empereur. Ce projet de M. Goumy est simple et séduisant. Mais l'exécution n'en paraît pas facile. Il ne faut pas oublier que les républicains appelés modérés aujourd'hui, sont en grande partie les radicaux d'hier, et que les royalistes et autres conservateurs ne s'associent pas volontiers aux complices et aux créatures de Gambetta et aux descendants des régicides, tels que le président Carnot [2]).

---

[1]) La France du centenaire (Hachette, 1889). Ce livre a été annoncé dans le contemporary review (avril 1889) par M. G. Monod, lequel, dans un article insignifiant, est loin d'avoir rendu justice aux mérites extraordinaires, quant au fond et quant à la forme, de l'ouvrage de M. Goumy.

[2]) L'élection de ce petit-fils d'un *régicide* a été une grande faute. Le grand-père Carnot n'a pas été régicide par faiblesse. Il

Le retour final du comte de Paris semble devoir offrir des chances plus sérieuses, lorsque „la république" aura perdu son crédit dans les masses; et c'est à quoi il faut consacrer tous ses efforts, au moyen de la presse populaire. On pourra rallier alors à la cause royaliste les bonapartistes, les anciens orléanistes, les ci-devant républicains modérés, tout le monde enfin, les paysans compris; excepté seulement les radicaux, les socialistes et les anarchistes. — Les bonapartistes, reconnaissant que le prince Jérome et ses fils, qui sont considérés comme des princes

---

vota pour la mort sans appel et sans sursis. „Dans mon opinion, dit-il, la *justice* veut que Louis meure et la *politique* le veut également. Jamais, je l'avoue, devoir ne pesa davantage sur mon coeur. Mais je pense que pour prouver votre attachement aux lois de *l'égalité,* pour prouver que les *ambitieux* ne vous effraient pas, vous devez frapper de mort le *tyran.*"

Sans doute il ne faut pas imputer aux descendants tant des régicides que des autres assassins les crimes de leurs ancêtres, et il faut que la postérité d'un régicide puisse être appelée à toutes les fonctions publiques; mais par piété pour le bon roi qui fut guillotiné sans ombre de justice après un martyre moral prolongé, le descendant d'un de ses assassins ne devait pas être nommé *chef de l'état.* La présidence de M. Sadi Carnot est donc une indignité.

Et l'arrière petit-fils de Philippe-Egalité? dira-t-on. Il faut observer que non seulement le fils de ce déshonneur de sa race a été roi de France pendant 18 ans, mais que le comte de Paris ayant fait sa soumission au comte de Chambord, celui-ci a effacé a souillure héréditaire par son pardon généreux et patriarcal.

italiens, et non comme princes français, sont des candidats impossibles, préféreront finalement la monarchie légitime à la république radicale. Ils s'y résoudront plus volontiers, si le roi fait son possible pour se concilier leurs chefs politiques, leur noblesse, leurs fonctionnaires du second empire, et si, à défaut d'un mariage entre les deux races, tous les membres non déchus ni dénationalisés de la maison impériale sont reconnus princes français ayant le rang des princes de la maison royale.

Le comte de Paris, qui est resté étranger à l'histoire de la France depuis la révolution de 1848, pourra accepter la France dans l'état où il la trouve, c'est-à-dire sans l'Alsace-Lorraine, mais avec la Savoie, Nice, la Tunisie etc. Rien ne l'obligera à entreprendre une guerre de revanche, et il n'aura pas besoin, comme un successeur de Napoléon I ou comme un nouveau-venu, d'un succès militaire pour justifier son avènement.